U0085403

當西方遇見東方

現代'經濟成長
與傳統儒學

孫震　著

國家圖書館出版品預行編目資料

現代經濟成長與傳統儒學 / 孫震著. －－初版一刷. －
－臺北市: 三民, 2011
面; 公分. －－(人文叢書.社會類10)

ISBN 978-957-14-5485-6 (平裝)

1.經濟發展 2.儒家 3.文集

552.1507   100006291

© 現代經濟成長與傳統儒學

著 作 人	孫 震
責 任 編 輯	周明欣
美 術 設 計	郭雅萍
發 行 人	劉振強
發 行 所	三民書局股份有限公司
	地址　臺北市復興北路386號
	電話　(02)25006600
	郵撥帳號　0009998-5
門 市 部	(復北店)臺北市復興北路386號
	(重南店)臺北市重慶南路一段61號
出 版 日 期	初版一刷　2011年5月
編 　 號	S 811550

行政院新聞局登記證局版臺業字第〇二〇〇號

有著作權‧不准侵害

ISBN　978-957-14-5485-6　（平裝）

自序：經濟成長的省思

2007 年我響應臺大圖書館的號召，將出版過的著作整理了兩紙箱，送交「臺大人文庫」，暗自下定決心，從此不再伏案寫作，深夜苦思，可以早睡晚起，多享受退休歲月。想不到寫文章、演講和參加學術會議的邀約不斷，欲罷不能，竟繼續寫下去。2009 年至 2010 年 8 月累積的講稿和會議論文有 10 篇，經補充 4 篇舊稿，構成本書。由於其中 8 篇談經濟成長，6 篇談儒家思想，所以我將書名定為《現代經濟成長與傳統儒學》。

源自西方的現代經濟成長和中國傳統儒學看起來南轅北轍，為什麼可以放在一起？因為以自利為誘因的現代西方資本主義雖然推動了持續的經濟成長，但正面臨兩項重大危機，一是道德危機、一是資源與環境危機。在道德危機方面，過分重視利潤，有時以顧客、員工和社會為犧牲；也有時候公司高層為了私人利益犧牲公司，以致股東、投資人和融資的銀行都受到拖累；嚴重時整個社會包括不相干的納稅人都要為之付出代價。進入 21 世紀以來，美國的安隆 (Enron) 案、世界通信 (WorldCom) 案、臺灣的力霸案、博達案和 2008–2009 年重創世界經濟的金融海嘯都是明顯的例子。

在資源與環境危機方面，迅速擴張的世界經濟導致自然資源耗竭與自然環境惡化；無節制的放任物欲膨脹，致使經濟成長超越科技進步容許的程度，終將難以為繼，甚至釀成重大災害。

這兩方面都是資本主義經濟制度難以防制的弊端，唯有中國傳統儒學重視倫理與精神生活，以及節用惜物的生活態度可以加以匡正。

什麼是現代經濟成長？現代經濟成長是指人均產值或所得長時期持續增加，而人均產值持續增加是因為技術不斷進步使勞動生產力不斷提高的結果，這是 18 世紀英國工業革命之後才出現的現象。在不變的技術水準下，資本增加雖然會使勞動生產力提高，然而資本不斷增加，由於「邊際報酬遞減」作用，其邊際報酬率會下降，直到下降為零，這時資本再增加也不能使生產力提高，於是總產值停止增加。

在工業革命以前，歷史上偶有技術進步使生產力和總產值提高，但因技術進步缺少持續性，致生活改善使人口增加，人均所得回降到原來的水準。這就是馬爾薩斯 (T. R. Malthus) 人口論、「生存水準所得」(subsistence level of income) 和「工資鐵律」(iron law) 等學說的依據。我們回顧工業革命以前人類發展的歷史，看到人口增加但生活很少改善，甚至沒有改善，就知道在現代經濟成長出現以前，

並非沒有技術進步，只是技術進步缺少長時期的持續性，以致增加的總產值為人口增加所抵消而已。

　　產生於二千多年前的春秋後期和戰國初期的儒家思想，雖然處於一段中國技術進步和新產業出現的時期，例如農耕的進步和製鐵業發展，但基本上仍屬諾貝爾經濟學獎得主顧志耐 (Simon Kuznets) 所說的現代成長 (modern growth) 前的長期停滯 (stagnation) 時代，可支配的資源貧乏，必須約束自我、節制物欲，才能永續生存。

　　進入現代成長時期，科學昌明、技術進步，開拓自然世界的疆域，使資源的供給增加，使用效率提高，物質享受鼓勵著我們不斷追求成長。然而「我們只有一個地球」，過去數 10 億年蓄積起來的自然資源畢竟有限，如今世界人口接近 70 億，而世界經濟按平均 3% 的年率繼續成長，使資源日趨耗竭，環境日愈惡化。根據世界銀行《2010 年世界發展報告—經濟發展與氣候變遷》(World Development Report 2010: Development and Climate Change)，過去 80 萬年大氣中的二氧化碳 (CO_2) 含量維持在 200–300 ppm 之間，由於工業革命以來大量燃燒石化燃料，現在已經增加到 387 ppm，產生溫室效應，使地球平均氣溫較工業革命前上升將近 1°C。照目前的情形發展下去，至本世紀末地球平均溫度可能上升 5°C，甚至更高。氣溫上升 5°C，將使亞馬遜雨林枯萎、安地斯山脈和喜馬拉雅山脈積雪消失、

海水酸化，海面上升 1 公尺，50% 物種滅絕。世界各國努力控制溫室氣體排放，希望使本世紀之末氣溫上升不超過 2°C。

我們不知道未來究竟會因資源耗竭使經濟成長難以為繼，還是氣候惡化使人類無法適應，但可以肯定的是，在長期中如果我們不知節制、放任物欲，不論科技如何進步，自然永遠是一個限制因素，儒學的若干思想和價值對我們永遠適用。

我將 14 篇文稿安排在以下 3 篇：(一)世界經濟與兩岸經貿發展；(二)臺灣的發展經驗與檢討；(三)儒家思想與幸福人生。若照歷史發展的先後，我應先討論儒家思想與現代社會倫理以及儒家思想與現代經濟成長，再談臺灣經濟發展的經驗和教訓，最後談兩岸關係、區域經濟與世界大勢。我在本書中逆向安排，主要是考慮讀者對當前情勢可能比過去的歷史有較高的興趣。

感謝三民書局協助出版本書。我於 2010 年 8 月 4 日交稿，原來希望可在 2010 年內出版，作為我在 21 世紀第一個 10 年的第 10 本書；如今雖然 2010 年已過，希望成空，但可作為對中華民國建國 100 年的獻禮，比我原來的計畫更有意義。這是三民為我出版的第 7 本書，劉董事長振強兄是出版界的俠士，他永遠把出版好書和鼓勵讀書人放在第一位；這也是我國傳統價值的表現。

　　最後我要感謝臺大校友會文化基金會秘書黃羽婕小姐
為全書打字。我的文稿既潦草，對文字的要求又計較，常
常一再修改，羽婕都耐心做到最好；如果不是羽婕，大概
也不會有這本書。

孫震

2011 年 5 月
於臺大校友會館

現代經濟成長與傳統儒學

| 目次 |

第一篇
世界經濟與兩岸經貿發展

- 金融海嘯、超額貨幣與世界經濟失衡
- 世界經濟新版圖與兩岸關係
- 東亞區域經濟發展新形勢與台灣的選擇
- 「經濟合作架構協議」與兩岸經貿關係
- 東亞區域經濟整合與兩岸經濟發展

金融海嘯、超額貨幣
與世界經濟失衡

2009 年 10 月 24 日，上海，「浦江創新論壇」論文。

　　2007 年 8 月美國次級房貸問題引發的世界金融危機，至 2008 年 9 月雷曼兄弟 (Lehman Brothers) 破產急遽惡化，形成所謂全球金融海嘯 (global financial tsunami)，信用瞬間收縮，資產價格大幅跌落，使世界經濟陷入第二次世界大戰以後最嚴重的衰退。經過主要國家政府及時注入大量資金，並在財政方面積極採取刺激措施，2009 年下半年以來，各國逐漸走出衰退陰影，邁向復甦。

　　這次金融海嘯的直接原因，一般認為包括金融機構所創造的繁複結構式金融資產、高槓桿操作使風險升高、信評失真與監督機制薄弱等。本文擬作更根本、更廣泛的探討。一、討論全球化與物價膨脹行為的改變。二、分析這次金融危機的直接原因。三、檢討更深層的原因，即超額流動性與世界經濟失衡。四、檢討與展望。

一、全球化與物價膨脹

　　全球化是指由於世界各國在經濟措施方面的自由化與開放，使商品與生產因素包括資本、人力和技術，超越國界，自由移動。資本和技術流入發展中國家，使其生產力提高，貿易擴大，就業與所得增加，經濟迅速成長。商品自由流動使任何國家國內物價如上漲，國外商品即流入，抑制物價漲勢，特別是發展中國家（如中國）大量生產的低廉製造業產品流入已開發國家（如美國）。而已開發國家

物價下降或膨脹率降低，有助於發展中國家物價之穩定。

　　因此，全球化改變了物價膨脹 (inflation) 的行為。傳統之貨物與勞務價格膨脹 (goods and services price inflation)，簡稱商品價格膨脹，趨於下降，過多的貨幣流入資產市場，使資產價格膨脹 (assets price inflation)，簡稱資產膨脹，趨於上升。

　　在商品價格膨脹中，需求拉動的成分減少，成本推動的成分增加，而在成本推動的因素中，由於勞動短缺所導致的工資上漲因素減少，由於自然資源耗竭，使其供給的價格彈性降低，所導致的價格上漲因素增加。這些自然資源如石油、黃金、鋼鐵、農產品等。最顯著的例子如 2007 年至 2008 年上半，石油價格上漲、生質能源與糧爭地，使農產品價格上漲，幸而為隨後之經濟衰退所導致的需要減少化解於無形。而在資產價格膨脹中，隨著近年金融產品的創新，從在地化的房地產與股票市場，轉向全球化的金融資產。

　　購買一般商品與購買資產有一重要不同，即購買商品為消費行為，購買者從商品的消費中得到滿足；購買資產為投資行為，購買者從資產中得到收益。收益率大於利率，使資產價格上漲，而資產價格上漲產生資本利得 (capital gain)，誘使投資者繼續購買，使資產價格繼續上漲。資產價格上漲使其按市價計算的收益率下降。然而只要有人購

買，資產價格就會繼續上漲，如此相互激盪。資產價格超過其收益率所能支持的部分形成泡沫，而泡沫不斷膨脹，最後終至破滅，使資產價格下跌，財富縮小，消費減少，甚至引起金融機構虧損，信用收縮，導致經濟衰退。2008 年的金融海嘯就是一個顯著的例子。

1990 年代以來，由於商品價格膨脹趨於溫和，主要國家決策階層忽視全球化引起物價膨脹形態的重大變化，以為貨幣政策成功，放寬管制，擴充信用，使利率下降，過多流動性流入資產市場，導致資產價格膨脹，使資產泡沫不斷擴大。

凱因斯 (J. M. Keynes) 在其《一般理論》中，假定利率下降到某一最低點，保有貨幣的成本降低，人民就會無限保有貨幣，凱因斯稱之為流動性陷阱 (liquidity trap)。但人民不會長時期無限保有貨幣，縱然貨物與勞務的價格不上漲，不必擔心商品價格膨脹，也會尋求有利的投資，購買資產，使資產價格膨脹。簡化的概念模糊了商品價格膨脹與資產價格膨脹之別，可能引起分析和決策的盲點，必須有審慎的辨別。

二、金融海嘯背後

2008 年金融海嘯的直接原因主要有四：

㈠美國的次級房貸 (subprime mortgage loans)。金融

機構借太多錢給太多償債能力薄弱的人買房子，以房屋作抵押，不顧利率會上升、房價會下跌、經濟會衰退、失業會增加、有人會付不出貸款本息的風險。而很多買房子的人受到利率低、房貸條件優厚與房價預期上漲的鼓勵，大膽借錢，不考慮自己的經濟實力，以致主客觀條件惡化時，陷入困境。

㈡**資產證券化 (securitization)**。證券化是將附帶固定收益的資產或債權轉化為證券，例如**房貸擔保證券**(mortgage backed security, MBS) 或**資產擔保證券**(asset backed security, ABS)。

證券化有兩個重要特質，一個是將長期債權貼現出售，轉移風險，取得現金再加運用，創造更多利潤。另外一個是將「在地」的資產如房地產全球化，又可分割出售，使更多地區、更多人參與投資。這也是這次金融危機重創全世界，所有金融資產的投資人幾乎無一倖免的原因之一；這點和 1997 年的東亞金融危機在地區方面和受到傷害的投資人方面有其侷限性，有明顯的不同。

㈢**繁複結構式金融產品 (complex structured finance products)**。以不同資產或債權為基礎的證券組合而成所謂**擔保債務憑證** (collateralized debt obligation, CDO)，不同的 CDOs 又可包裝為多層次結構式金融產品，從 CDO^2 到 CDO^3 甚至 CDO^n，就是所謂繁複結構式金融產品。由於

擔保債務憑證和繁複結構式金融產品都是由單項資產擔保證券組成，其收益來自組成分子，本身並不產生收益，對經濟產值（**國內生產毛額** (gross domastic product, GDP)）並無貢獻，但卻為金融機構賺取巨額利潤，因此金融機構樂此不疲。

　　繁複之結構式金融產品內容繁雜，其優點在於可劃分不同風險等級，以配合不同風險偏好投資人的需要，使高風險／高收益與低風險／低收益的投資人各得其所。但其內容過於複雜，一般投資人無法判斷，唯有信賴信評機構之評等，而信評之可靠性則不無可疑。當基礎資產之收益發生變化時，例如 2007 年美國次級房貸違約增加，信評失據，市場驚恐，投資人信心動搖，市場陷入混亂。

　　㈣**高槓桿操作 (high leverage operation)**。財務槓桿是指金融機構資產（或負債）與資本之比。這次金融海嘯爆發前，美國華爾街五大投資銀行之槓桿值大致接近30：1，即以 1 美元之資本操作 30 美元之資產。如資產之報酬率為 1%，則資本之報酬率為 30%，當然使銀行財源滾滾。然而如資產之報酬率為 −1%，財資本之報酬率為 −30%；如資產報酬率為 −3%，則資本報酬率為 −90%，資本虧損殆盡，公司瀕臨破產，自然引起市場恐慌，政府不得不迅速赴援。而在房貸擔保中扮演重要角色的**房利美** (Fannie Mae) 和**房地美** (Fredde Mac) 槓桿值竟達 60：1，所以危機發生時

無力承擔責任，只有讓政府以 2,000 億美元接管。

當市場繁榮時，金融機構之利潤與股價升高，由股東與員工（特別是高級主管）分享。及至市場發生危機，公司虧損，股價下跌，政府挹注資金救助，而政府之資金來自人民之稅負，「賺錢歸私、賠錢歸公」，自然為社會所詬病。這是近年金融市場「鬆綁」(deregulation)，金融機構規模坐大，「大到不能倒」，很難避免的後果。

三、超額貨幣與世界經濟失衡

狂飆之金融海嘯導致 1929 年**大蕭條 (the great depression)** 以來最嚴重的世界經濟衰退，昔日興風作浪之美國華爾街五大投資銀行紛紛不支倒地，高盛 (Goldman Sachs) 與摩根‧史丹利 (Morgan Stanley) 轉型為商業銀行金控，美林 (Merrill Lynch) 賣給美國商業銀行 (Bank of America)、貝爾‧斯登 (Bear Stearns) 賣給摩根大通 (JP Morgan Chase)，而雷曼兄弟 (Lehman Brothers) 聲請破產最為不幸。

除了上述技術原因，這次金融海嘯也有倫理或道德的因素。重賞之下，金融業的 CEO 們只看到公司的利潤和股價，忘記對經濟產值的貢獻和對顧客與社會的責任。例如雷曼兄弟破產後，美國眾院政府改革監督委員會主席魏克曼 (Henry Waxman) 責問雷曼執行長傅德 (Richard Fuld)

說:「你的公司如今破產,我們國家陷入危機,你自己卻弄到 4 億 8 千萬美元。我問你一個基本的問題,這樣算公平嗎?」傅德一臉無辜(心中可能頗不以為然)回答:「我的薪資是董事會認為對公司最為有利的報酬。」

美國總統歐巴馬 (Barack Obama) 在其 2009 年 1 月 20 日的就職演說中譴責說:「由於若干人的貪婪和不負責任,使美國經濟陷入目前之困境。」

然而更根本的原因在於世界流動性過多;而流動性過多來自持續之全球經濟失衡 (global imbalances),一方面是美國之國際收支經常帳赤字不斷擴大,另一方面是亞洲新興工業化與發展中國家以及中東產油國之經常帳盈餘不斷增加。由於美元為世界通用之支付工具與準備貨幣,一般國家之經常帳發生逆差必須以國際貨幣(主要為美元)支付,但美國發生逆差只需增加其對外負債。

過去金本位時代,世界之準備貨幣受到供給的限制,逆差國之黃金減少,貨幣數量隨之減少,於是國內物價下降,使出口增加,進口減少;順差國則黃金增加,貨幣數量隨之增加,於是國內物價上漲,使出口減少,進口增加,世界經濟之不平衡經此調整,得以改善。但在當前之美元本位時代,世界經濟則失去此自動調節之功能。

2000 年到 2007 年,美國之經常帳逆差從 2000 年之 4,174 億美元,占當年 GDP 之 4.3%,擴大到 2007 年之

7,312 億美元，占當年 GDP 之 5.3%。在此八年間，美國之經常帳赤字累積達 46,578 億美元，較全世界一百四十一個新興與發展中國家同時期增加之外匯準備尚多出 11,505 億美元。在這些新興與發展中國家中最重要的當然是中國，其經常帳盈餘 2000 年占 GDP 之 1.2%，2007 年增加為 11.3%。中國之外匯準備 2000 年底為 1,689 億美元，2007 年底增加為 15,313 億美元，占當年進口總額的 148%，GDP 之 47%。目前中國之外匯準備已超過 2 兆美元，用任何標準衡量皆偏高，其中大約 70% 以美元資產保存。

國際收支經常帳之主要項目為貿易差額。美國之貿易逆差擴大，幫助了新興與發展中國家之經濟成長，特別是中國，而這些國家由此獲得的外匯回流美國，幫助了美國彌補其國際收支赤字。雙方互蒙其利。然而美國龐大且不斷增加的外債，終將動搖美元作為國際通貨與準備貨幣的地位。一旦回流之美元減少，美元大幅貶值，擁有大量美元的國家，將產生重大損失，而中國首當其衝。

近年世界各國批評美國借債度日，以債養債，美國則批評中國拒絕人民幣升值。美國諾貝爾經濟學獎得主克魯曼 (Paul Krugman) 說：「他們給我們有毒的產品，我們給他們不值錢的紙幣 (They give us poisoned products, we give them worthless papers)。」克魯曼所說的雖然是課堂上的玩笑話，但兩國都應深思，怎樣做才是對自己也對世界最有

利的政策。

四、餘　論

2009 年二、三兩季，各國經濟逐漸走出谷底，止跌回升。這次衰退雖較戰後各次嚴重，但較預期緩和。這要感謝 1929 年大蕭條的慘痛經驗與 1930 年代凱因斯的理論之賜，各國不但未採保護貿易與以鄰為壑之貶值措施，而且主要國家大量投注資金，並採大膽財政刺激救市，避免了需要面的過度萎縮。

過多資金等待有利機會，搶先入市。根據 2009 年 10 月 3 日之《經濟學人》(*The Economist*) 報導，MSCI 世界股票市場已自本年 3 月之谷底上升 64%。**國際貨幣基金 (International Monetary Fund, IMF)** 10 月之《世界經濟展望》(*World Economic Outlook*) 預測 2010 年世界 GDP 成長率為 3.1%，較 4 月之預測提高 1.2 個百分點，但仍低於 2000–2007 年平均 4% 之成長率。至於失業率之降低，則尚需等待時日。

經過這次金融海嘯，金融機構的房貸政策應趨於穩健，房貸業者不能不考慮客戶的償債能力，結構式金融產品應簡化（對顧客而言，看不懂的東西不要買，因為魔鬼藏在細節裡），財務槓桿應降低，未分配保留盈餘應鼓勵提高，未雨綢繆，財務狀況應更透明化，信用評等應更切實，金

融監督應更加強。更重要的是金融機構用別人的錢賺錢，必須誠信、穩健，不可鋌而走險。目前按市場訂價 (mark to market) 之會計準則，於市況惡化時落井下石，經濟過熱時火上加油，應加檢討，代之以平和穩妥的做法。

最根本的是個別國家和世界，都應維持穩定的貨幣供給。戰後**布列敦森林 (Bretton Woods)** 所建立的國際貨幣制度，是以黃金一美元為本位的可調整固定匯率制，美元和黃金維持 35 美元等於一盎司黃金的比價。1971 年 8 月 15 日尼克森實施新經濟政策，停止美元對黃金及任何準備資產的兌換，結束了黃金一美元本位固定匯率制度，進入以美元為主要國際通貨的變動匯率制度。

世界美元的供給決定於美國的國際收支經常帳差額，美元供給太少不利於經濟成長，供給太多導致物價或資產膨脹。近年美國經常帳逆差不斷擴大，致國際流動性過多，不僅影響世界金融穩定，而且潛藏國際貨幣制度崩壞之危機。

以單一國家之負債為世界通貨勢難久遠，世界終須重建新的國際貨幣制度。過去兩年，金融危機重創世界各國經濟，美英法德等主要先進經濟受創尤鉅，而新興與發展中經濟多能維持成長，使世界經濟版圖發生重大變化。重大世界經濟議題不能只聽憑 G7 或 G8 一言而決，因而有 G20 和代表美國與中國的 G2 高峰會議。世界經濟大勢今非昔比，考慮建立更符合未來發展的國際貨幣制度此其時矣。

世界經濟新版圖
與兩岸關係

2009 年 11 月 13 日，臺北，「兩岸一甲子學術研討會」
主題演講。

一、東亞經濟發展

東亞是戰後世界經濟成長最快速的地區。戰後東亞經濟的成長分四波：

㈠**第一波是日本**。日本的人均 GDP 於 1963 年超過當時**經濟合作暨發展組織** (Organization for Economic Corporation and Development, OECD) 人均 GDP 最低的義大利，1964 年成為 OECD 的一員，被歸類為已開發國家。

㈡**第二波是南韓、臺灣、香港和新加坡**。這四個經濟體以「出口導向」帶動經濟成長，表現優異，至 1970 年代後期，以東亞「四小龍」或「四小虎」聞名於世。1997 年**國際貨幣基金** (IMF) 將東亞「四小龍」和以色列從發展中經濟 (developing economies) 晉級為先進經濟 (advanced economies)；目前共有三十三個先進經濟體，其餘國家都是新興與發展中經濟 (emerging and developing economies)。由於臺灣、香港和新加坡都是華人社會，而南韓歷史上深受中華文化影響，「四小龍」的快速成長使學者關注儒家文化與現代成長的關係。經濟發展並非西方獨有的產物，儒家文化更有助於經濟發展。

㈢**第三波是東協原始會員國中的泰國、馬來西亞和印尼**。此三國採取和東亞「四小龍」大致相同的發展策略，

即順應市場 (market friendly) 與政府干預並行，獲得成功。

這八個經濟體，在 1990 年代以前三十年中，人均產值的平均年成長率是東亞其他國家的 2 倍，南亞和拉美的 3 倍，非洲的 5 倍，世界銀行 1993 年《東亞奇蹟》(*The East Asian Miracle*) 一書稱之為表現優異的亞洲經濟體 (High Performing Asian Economies, HPAEs)，也可以說是東亞八傑。不過泰國、馬來西亞和印尼在經濟發展方面的成就比日本和東亞「四小龍」，迄今仍有一段距離。日本和東亞「四小龍」在**世界銀行發展指標** (World Development Indicators) 的分級中都是高所得國，而泰國等三國為中所得國。

㈣**第四波是中國**。中國自 1978 年末改革開放以來，從以國有企業為主的中央計畫經濟，經過集體企業、個體企業和私營企業，正如鄧小平所說：「摸著石頭過河」，逐步走向市場經濟，經濟快速成長。

根據世界銀行 2009 年的統計，中國之 GDP 平均年成長率 1990–2000 年達 10.6%，2000–2007 年達 10.3%；成長之快速，只有臺灣 1960 年代和 1970 年代可比。快速之成長使中國在三十年間從貧窮之邦變為經濟大國。

2007 年按匯率計算的**國民所得毛額** (gross national income, GNI) 達 31,260 億美元，次於美國的 138,864 億元、日本的 48,289 億美元和德國的 32,073 億美元，排名世

界第四。按**購買力平價** (purchasing power parity, PPP) 計算則為 71,505 億美元，僅次於美國的 138,272 億美元，排名世界第二。2008 年按匯率計算的 GDP 已超過德國，直逼日本，排名世界第三。

2007 年之經濟規模略低於美國的 25%，按 PPP 計算則稍高於美國的 50%。若與鄰近國家結合，則勢力壯大，使世界經濟版圖為之改觀。

二、東協加三與東亞經濟整合

東亞之區域經濟整合以**東南亞國協** (Association of South East Asian Nations, ASEAN) 為核心。東協成立於 1967 年，原始會員國為印尼、馬來西亞、菲律賓、新加坡和泰國，陸續加入汶萊、柬埔寨、寮國、緬甸和越南，成為如今之十國。2007 年 GNI 只有美國的 8%，按 PPP 計算亦不到美國的 20%，但人口達 5 億 6 千餘萬，可謂人多勢眾，多年來日本和南韓尋求合作，而中國後來居上。

東協加中國為「東協加一」，再加入日本和南韓為「東協加三」。目前東協加三之規模，按匯率計算低於美國，按 PPP 計算則高於美國。若再加印度、澳洲和紐西蘭成為東協加六，按匯率算仍低於美國，按 PPP 計算則超過美國幾達 40%。

2005 年 12 月 12 日東協加三的領袖齊聚馬來西亞首

都吉隆坡，舉行高峰會，宣示東協加三之合作，為實現**東亞共同體** (East Asian Community, EAC) 之主要載具 (vehicle)。12 月 14 日「東協加六」舉行高峰會，並邀俄羅斯以地主國貴賓身分列席，宣布充分支持**東協共同體** (ASEAN Community)，而以東亞共同體為長期目標，以促進本地區之自由、安全與繁榮。

2007 年 11 月 20 日，東協十國在新加坡慶祝成立四十週年，簽定**東協憲章** (ASEAN Charter)，宣示「同一願景、同一認同、同一社群」(one vision, one identity, one community) 之信念，限定會員國必須位於東南亞地區，並得到現有十個會員國共同承認。此外並簽訂「東協共同體藍圖」，希望於 2015 年成立，使貨物、勞務、資本和人才在地區內自由流動，以壯大東協經濟。

東協對內團結，對外以紐西蘭、澳洲、印度為外圍，對北方三個國家似乎「欲迎還拒」；最近**亞太經濟合作會議** (Asia-Pacific Economic Cooperation, APEC) 在新加坡舉行年會，隱然有引進美國以平衡中國勢力之意。中國的態度則似乎「欲取先予」，此處之「予」可解釋為取得好感之意。中國之對外貿易大致對北美和西歐等先進國家為出超，對東亞各國為入超，有助於這些國家的經濟成長。2000 年以來和 1990 年代相比，東亞所有國家對中國出口占各該國出口總額的比例都大幅增加。中國在區域內之地位和影

響力隨之提高。此外，中國並以資金和開放人民到東南亞
國家觀光，協助這些國家的經濟發展。

三、合則兩利，天佑中華

吳敬璉先生在其《中國增長模式抉擇》（2009 年 10 月
增訂版）中說，中國的經濟發展最初學蘇聯，採「投資驅
動」增長模式，1978 年改革開放後，學東亞四小龍，改採
「出口導向」模式。

1840–1842 年中英鴉片戰爭，清廷割讓香港予英國；
1894–1895 年中日甲午戰爭，割讓臺灣、澎湖予日本。當
時無人想到，若干年後香港和臺灣成功的發展模式會帶領
中國經濟發展的方向。過去三十年臺灣的資金和人才大量
流向中國，對中國的快速成長有很大的貢獻；臺灣多年來
守護中華傳統文化，相信對大陸也有一定的影響。臺灣已
故地理資訊專家傅安明生前感於世事難料，常說：「真是天
佑中華！」

由於文化、語言、地緣以及貿易和投資所產生的產業
關聯，臺灣應是全世界最能從大陸快速成長中得到利益的
經濟體。然而過去由於政策上自我設限，以致若干產業移
向大陸後，國內投資減少，外商撤離，需求萎縮，只能靠
擴大對大陸的出超，維持低微的成長，而這樣的成長不可
能長遠！

　　唯臺灣經濟發展如表現不佳，並非大陸之福。因為我
們從別人的富裕和繁榮中獲益，而非從別人的貧窮和衰微
中得利。國際貨幣基金前副總裁費希 (Stanley Fischer) 說：
「我尚未看到很多例子，居於快速成長經濟體之旁，不利
於本國經濟發展。」

　　世界銀行 2009 年的世界發展報告《重整經濟版圖》
(*Reshaping Economic Geography*)，精采分析經濟發展之會
合 (convergence) 效果與群聚 (agglomeration) 效果。各國經
濟對外經由貿易、投資、人才與創意交流，增進產業內與
產業間之國際分工與專業，使生產力與經濟成長率提高，
互相拉抬。因此區域內國家經濟成長雖可能有先後，導致
分離，但最後則趨於會合。其重點在於降低甚至廢除彼此
間之人為障礙，接近來自對方的經濟利益。對內形成大都
會城市，聚集人才與產業，發揮規模經濟效益 (scale
economies) 和外部經濟效益 (external economies)，形成經
濟成長的主力，推動國家全面經濟發展。世界銀行 2009 年
的發展報告說：「經濟成長是不平衡的，財富集中於少數地
區，經由經濟整合 (economic integration) 與全民分享 ❶。」

　　盧森堡人口只有 40 萬，因居於歐盟之中而不覺其小，
瑞士為內陸國，藉友好之鄰國與世界相通，二者均為世界

---

❶ The World Bank, *Reshaping Economic Geography*, 2009,
　p.xxi.

最富有的國家。

　　大陸於 1978 年改革開放後，1980 年代以分次開放沿海重點城市，並以租稅減免、土地優惠與廉價勞工吸引外來投資，作為主要發展策略。1990 年代以來，逐漸形成珠江三角洲、長江三角洲與環渤海三個重要區塊。未來發展勢必由南向北、由沿海向內陸延伸。

　　臺灣和大陸雖為兩個不同的經濟體，然而由於臺灣的特殊地理位置，如果消除人為障礙，則從臺灣到「珠三角」、「長三角」、「環渤海」任一地區，較中國任何其他地區包括此三地區在內，並不遙遠，甚至更近也可以更方便。

　　然而兩岸關係如不能改善，則將來東亞區域經濟日漸形成，不論以**自由貿易協定** (FTA) 形式或經濟共同體形式，臺灣的資源將繼續流失，臺灣經濟將更孤立、更邊緣化，大陸可從臺灣經濟發展得到的利益也將日愈減少。世界銀行 2009 年發展報告說：「今日之發展中國家，作為經濟發展的後來者，面臨一無可逃避的選擇：維持分離而敗，抑廢除疆界而贏 (Stay divided to lose ground or become winners without borders)❷。」

　　不過臺灣不可坐待兩岸開放自動帶來繁榮，一心以為鴻鵠將至，必須以開放的心境，降低兩岸交流的障礙，加強軟硬體建設，改善投資與生活環境，創造有利的條件，

---

❷　同❶，p. 262.

讓全世界的投資人，願意以臺灣為基地，經營在中國大陸
和其他東亞地區的事業，重建臺灣在東亞區域經濟的地位。
臺灣必須以大決心、大魄力，順應東亞區域經濟發展的會
合效果，創造本土都會經濟發展的群聚效果，才能振衰起
敝，成為東亞區域經濟的重要資產。

四、天下經濟大勢與兩岸關係展望

2008 年以來的金融危機重創世界各國，使世界經濟陷
入 1929 年大蕭條以來最嚴重的衰退，而先進經濟受創尤
鉅。

根據國際貨幣基金 (IMF) 今 (2009) 年 10 月 *World
Economic Outlook* 之預測：2009 年先進經濟之成長率為
−3.4%，靠新興與發展中國家之成長率 1.7%，其中中國為
8.5%，印度為 5.4%，拉抬世界平均成長率為 −1.1%。IMF
預測 2010 年先進經濟之成長率為 1.3%，新興與發展中國
家為 5.1%，其中中國為 9.0%，印度為 6.5%，使世界平均
成長率達 3.1%。

由於新興與發展中經濟相對於先進經濟有較高的成長
率，低所得國與中所得國產值占世界產值的比率，從 2000
年的 36%，增為 2007 年的 43%，其中 5 個百分點來自中國
和印度❸。先進經濟與新興及發展中經濟成長率之相對變

❸　The World Bank, *World Development Indicators*, 2009, p. 2.

化，改變了世界經濟版圖。天下大事不能再由少數先進經濟之高層集會決定，因此 G7 為 G20 取代，而 G20 之外又有中國和美國之 G2 聚會，先行協商。2009 年 7 月 1 日歐巴馬 (Barack Obama)、胡錦濤相會於華府，APEC 會議不久後，歐巴馬又將訪問北京，就世界經濟發展情勢與兩國重大政策交換意見。

中國對美國與世界經濟之影響，除經濟規模外，尚有外匯準備的因素。多年來美國國際收支經常帳逆差不斷擴大，反映對外負債增加，美元地位因而動搖。而中國之外匯準備排名世界第一，目前已逾 2.2 兆美元，估計大約 70% 以美元證券保有，其中 8,000 億美元為美國政府債券。中國如減少對美國債券的購買，則對美元需要減少，其立即的效果就是美元貶值，而美元貶值損失最大的國家就是中國。中國如繼續購買美國債券，則世界經濟之不平衡將繼續擴大；中國愈陷愈深，處境如騎虎難下。而世界因美國國際收支經常帳長期逆差，美元供給過多，貶值已為長期趨勢。人民大學的吳曉求說：「中國已為美國通貨所綁架 (China has been kidnapped by America's currency)。」不過這也是中國長期追求貿易出超以促進經濟成長的必然結果，不能得了便宜又責備別人。

世界銀行總裁佐立克 (Robert Zoellic) 說：「美國如將美元為世界主要準備貨幣之地位視為當然，那就不對了 (The

United States would be mistaken to take for granted the dollar's place as the world's predominant reserve currency)❹。」

中國多年來採取「出口導向」的發展策略雖然很成功，但重視需要面的**凱因斯效果** (Keynesian effect)，忽略了供給面的**李嘉圖效果** (Ricardian effect)。在凱因斯的就業理論中，GDP 決定於總需要，而貿易差額是總需要的一部分。貿易逆差縮小或順差擴大使總需要增加，GDP 增加。然而凱因斯理論是短期的理論，因為一國的貿易順差不可能無限擴大，而且本國的貿易順差來自他國的貿易逆差，若本國的貿易順差不斷擴大，則表示他國的逆差不斷擴大，這種損人利己的情形，不可能久遠存在。貿易的利益基本上來自貿易所導致的專業分工，使生產力提高，所有參與貿易的國家都獲利，這就是李嘉圖效果。此外，出超不利於國內市場擴大與人民福利提高。中國的家庭最終消費支出 2007 年只有 GDP 的 33%，是世界民間消費最低的國家；同年儲蓄率 55%，國內投資率 43%，出超 10%。這表示中國 2007 年的國民所得總額中，出超與國外生產因素所得淨額共計達 GDP 的 12% 為外國人所用，既未用於提高人民的福祉，也未用於增加國內的投資。

中國在金融危機時期維持人民幣對美元的匯率不變可

---

❹ *Business Week*, October 26, 2009, p. 11.

以理解。但長期來看人民幣終須升值以擴大國內市場，提高人民福利，收割經濟成長的成果。人民幣升值雖然會使中國人民銀行所保有的美元外匯價值減少，但全國所擁有的人民幣對外購買力增加更多。中國如果繼續維持對美元的匯率不變，出超會繼續擴大，外資會繼續流入，使外匯準備增加，貨幣供給增加，資產價格膨脹，加深財富分配不均，也威脅經濟的穩定與成長。

　　2008 年的金融危機，中國推出 4 兆人民幣，相當於6,000 億美元的財政刺激措施，達成了 2009 年 8.5% 之經濟成長率，不論就支出的規模而言或發揮的效果而言，都值得稱許。不過 2009 年上半年的 GDP 成長 88% 來自政府支出，公共部門擴大，民間部門縮小，並非當年經濟改革開放之初意，長期仍應回到發展民間企業的常軌。目前金融部門資金充裕，但流向政府部門和經營效率低的國有企業多，流向經營效率高的民營企業少，將來亦應有所修正。

五、餘　論

　　未來兩岸交流合作應從經濟層面進入文化層面，中國亦應從經濟大國成為文化大國，才是久遠之道。1966–1976年大陸發生文化大革命，臺灣努力守護中華文化，當時的政府一心希望在臺灣發揚光大中華文化。1990 年代後期臺灣走本土化路線，進入 21 世紀，前總統陳水扁更去中國化，

中國則開始重視傳統文化。當前世界以資本主義為基礎的主流文化，包括兩岸中國在內，以追逐物質欲望的滿足為主要成就，重利輕義，不僅企業弊端層出不窮，這次金融危機更使全球經濟遭受重大災害。而且在西方資本主義制度下，世界經濟持續成長，導致自然資源耗竭，氣候變遷，人類生存環境惡化。未來兩岸應合力光大中華文化，糾正當前資本主義和功利主義追逐物欲、見義忘利的積弊，發揚中國傳統重視倫理與精神價值的優勢，以促進經濟永續發展與社會和諧安定的新世界。

東亞區域經濟發展新形勢
與臺灣的選擇

2010 年 4 月 2 日，臺北，佛光臺北道場演講。

一、區域經濟的發展

當前世界經濟發展的新形勢是在自由化和全球化之下，經由區域經濟整合，歐洲、北美和東亞，逐步形成鼎足而三的局面。

區域經濟整合包括以下各種形式，顯示經濟整合的不同程度，也大致反映經濟整合的不同階段：

㈠**自由貿易區 (Free Trade Area)**：會員國之間簽訂**自由貿易協定 (Free Trade Agreement)**，廢除幾乎所有商品的進口關稅與人為障礙，僅保留少數例外項目。

㈡**關稅同盟 (Customs Union)**：會員國之間除廢除自彼此進口商品的關稅外，並建立共同之對外關稅。

㈢**共同市場 (Common Market)**：關稅同盟加資本與勞動之自由移動。

㈣**經濟共同體 (Economic Community)**：共同市場加一致之經濟制度與政策。

戰後區域經濟整合從歐洲開始，而歐洲的區域經濟整合始於西德與法國的煤鋼共營。德法兩個歐陸強國戰後放下世代宿仇，選擇煤與鋼兩項製造武器所需的重要物資來進行合作，宣示和平。德法的煤鋼共營於 1953 年擴大為**歐洲煤鋼共同體 (European Coal and Steel Community, ECSC)**，包括西德、法國、義大利、比利時、盧森堡與荷

蘭六國；廢除煤鋼的關稅與限額，取消差別運費，創設勞工與資本共同基金，並組成一超越國家主權的監督機構。

1957 年**羅馬條約** (Treaty of Rome) 擴大歐洲煤鋼共同體為**歐洲經濟共同體** (European Economic Community, EEC)，將過去適用於煤鋼的原則與做法擴大到所有貨物與勞務。

歐洲經濟共同體的推動，背後隱含強大的政治動機，期待有一天歐洲能達到政治上的統一。因此 EEC 除了為政治整合創造經濟基礎外，並提出一套超越國界的統攝與實施機構，包括理事會 (Commission)、部長會議 (Council of Ministers)、議會 (Assembly) 和法院 (Court of Justice)。

EEC 之後陸續加入丹麥、愛爾蘭、英國 (1973)、希臘 (1981)、西班牙、葡萄牙 (1986)、奧地利、芬蘭、瑞典 (1995) 九國；至此一共十五國。1993 年 11 月依據**馬斯垂克條約** (Maastricht Treaty)，將 EEC 改稱**歐洲聯盟** (European Union)，簡稱**歐盟** (EU)，期望在尊重各國歷史、文化與傳統精神下，廢除邊界，建立統一貨幣，形成共同政策。

2004 年復加入東歐十國：塞普勒斯 (Cyprus)、捷克共和國 (Czech Republic)、愛沙尼亞 (Estonia)、匈牙利 (Hungary)、拉脫維亞 (Latvia)、立陶宛 (Lithuania)、馬爾他 (Malta)、波蘭 (Poland)、斯洛伐克共和國 (Slovak Republic) 與斯洛維尼亞共和國 (Slovenia Republic)；2007 年加入保

加利亞 (Bulgaria) 和羅馬尼亞 (Romania) 成為現在的二十七國。目前尚有克羅西亞 (Croatia) 和土耳其 (Turkey) 待加入。

　　歐盟雖幾乎已涵蓋整個歐洲，但仍繼續向地中海南方的北非和東方的西亞主要國家，包括摩洛哥 (Morocco)、埃及 (Egypt)、以色列 (Israel) 和土耳其等十國擴充勢力。1995年歐盟開啟所謂**巴塞隆納工程** (Barcelona Process)，希望達成地中海自由貿易區；近年又倡議成立「**地中海聯盟**」(Union for the Mediterranean)，雖然進步緩慢，但已使此一地區外資湧入，貨運增加，經濟成長率提高。

　　在北美方面，1994 年美國和加拿大、墨西哥的**北美自由貿易區** (North American Free Trade Area, NAFTA) 成立，和歐盟分庭抗禮。以北美自由貿易區和歐盟相比，歐盟雖然會員國眾多，人口高於北美自由貿易區，但**國民所得毛額** (GNI) 不論按美元匯率計算或按**購買力平價** (PPP) 計算都較低。2004 年美國與中美洲六國簽訂「**美國─中美洲─多明尼加自由貿易協定**」(US-Central America-Dominican Republic Free Trade Agreement)，使北美自由貿易區向南延伸。

　　東亞區域經濟整合始於**東南亞國協** (Association of Southeast Asian Nations)，簡稱**東協** (ASEAN)，中國大陸稱之為東盟。東協成立於 1967 年，原始會員國包括印尼、

馬來西亞、菲律賓、新加坡和泰國，後陸續加入汶萊、柬埔寨、寮國、緬甸和越南，成為現在十國。1992 年簽定**自由貿易協定** (FTA)，預定十五年內成立自由貿易區；翌年達成提前於 2003 年完成之共識。1997 年東協開始邀請中國、日本和南韓領袖參加年度高峰會議，逐步形成所謂「東協加三」，再加入澳洲、紐西蘭和印度，成為「東協加六」。

二、中國崛起與東亞區域經濟整合

中國大陸自 1978 年（對內）改革（對外）開放後，對外開放城市，從南到北，從沿海到內陸，循序漸進，引進**外國直接投資** (Foreign Direct Investment, FDI)，以出口導向推動經濟發展，憑藉「後進優勢」，又拜世界經濟自由化與全球化之賜，經濟迅速成長。GDP 平均年成長率 1980–1990 年為 10.2%，1990–2000 年為 10.6%，2000–2008 年為 10.4%❶。2009 年世界經濟平均年成長率轉為負值，大陸仍維持 8.7% 之成長率。由於經濟成長快速，經濟規模隨之擴大，近年已取代美國，成為世界成長的主要「引擎」。

2008 年（年中）人口為 1,324.7 百萬人，**國民所得毛額** (GNI) 按美元匯率計算為 38,881 億美元，低於美國的 145,729 億美元，和日本的 48,691 億美元，排名世界第三。

---

❶ The World Bank, *World Development Indicators*, 1999, Table 4.1 & 2010 Table 4.1.

唯匯率不能充分反映相關國家的物價差異，若以相同物價水準為基礎的**購買力平價 (PPP)** 計算，則為 79,607 億美元，僅低於美國的 147,247 億美元，排名世界第二❷。

同年商品出口為 14,285 億美元，超過美國但在德國之後，排名世界第二；2009 年超過德國，排名世界第一。2008 年進口為 11,330 億美元，低於美國和德國排名世界第三。由於長年出口大於進口，加以生產因素國外淨所得不斷增加，再加上外國直接投資和其他外資流入，使外匯準備不斷增加，目前超過 2.3 兆美元，排名世界第一。

如果改以人均所得表示，則 2008 年大陸人均 GNI 按匯率計算只有 2,940 美元，按 PPP 計算也只有 6,010 美元。不過我們如果把中國只當作一個人均所得 GNI 只有 2,940 美元或 6,010 美元的單一經濟體來看，可能就會導致錯誤的認知。事實上大陸土地遼闊，人口眾多，所得的地區分配不均，不同地區有不同的區位優勢，提供不同的投資機會；不同的工資水準形成不同的比較利益，吸引不同的產業。全球化和市場驅動的產業聚集於沿海大都會地區，享受交通便捷、運費低廉與基礎建設完備之利，產生內部和

---

❷　The World Bank, *World Development Indicators*, 2010, p. 378. 國民所得毛額 (gross national income, GNI) 就是過去所習用的國民生產毛額 (gross national product, GNP)，世界銀行於 2001 年起改用 GNI。

外部規模經濟。資源型、內需型與策略型產業分散於內陸
各地。

在對外貿易方面，中國大陸對美國和西歐為出超；對
東亞區域內國家為入超，以入超帶動鄰近國家的經濟成長，
成為這些國家 1990 年代以來經濟成長的重要來源❸。

密切的貿易關係並影響貿易國之間的產業分工和投資
分布。東亞任何國家的發展策略都不能忽略中國因素；
2010 年 1 月 1 日中國與東協的自由貿易協定生效，東協加
一正式啟動後更是如此。

1997 年中國、日本和南韓首次應邀參加東協年度高峰
會，2001 年中國與東協宣布成立自由貿易區；2002 年簽署
「中國與東協全面經濟合作架構協定」(Framework
Agreement on Comprehensive Economic Cooperation
between ASEAN and PRC)，正式啟動自由貿易區進程。

2005 年 12 月 12 日東協加三領袖齊聚馬來西亞首府
吉隆坡舉行峰會，宣示「東協加三」之合作為實現「東亞
共同體」(EAC) 之主要載具。12 月 14 日「東協加六」舉行
峰會，並邀請俄羅斯領袖以地主國貴賓身分列席，宣布充
分支持「東協共同體」，並以「東亞共同體」為長期目標，
以促進區域內的自由、安全與繁榮。

---

❸　孫震，〈東亞區域經濟發展與兩岸經貿關係〉，《永豐金融季
　　刊》，2008 年 9 月，期 42，頁 1–19。

　　2007 年 11 月 20 日，東協十國在新加坡慶祝成立四十週年，簽訂「**東協憲章**」(ASEAN Charter)，宣布「一個願景、一個認同、一個群體」(one vision, one identity, one community) 之信念，限定新會員國必須位於東南亞地區，並得到現有十個會員國共同承認。20 日之會議並簽訂「東協共同體藍圖」，希望於 2015 年達成「東協共同體」之目標，使貨物、勞務、資本與人力在區域內自由移動。東協對周邊六國欲迎還拒，顯然希望在「加三」、「加六」最後形成前，團結自強，以維護將來在東亞區域經濟中的核心地位。

　　表 1 顯示 2008 年「東協加六」之國民所得毛額 (GNI)，按美元匯率計算已接近美國，按**購買力平價** (PPP) 計算則已超過。2008 年「東協加三」之 GNI 按 PPP 計算亦已超過美國。2008–2009 年全球金融海嘯，重創西方先進經濟，世界經濟中心東移，明顯改變世界經濟版圖。

表 1　東協、加一、加三、加六之人口與 GNI 分別和美國與世
界之比較 (2008)

	東協	加一	加三	加六
人　口				
數額（百萬）	573	1,898	2,075	3,240
對美國 (%)	188	624	683	1,066
對世界 (%)	8.6	28.3	31.0	48.4
GNI，按美元匯率				
數額（百萬）	13,204	52,085	111,239	132,919
對美國 (%)	9.1	35.7	76.3	90.3
對世界 (%)	2.3	9.0	19.2	22.9
GNI，按 PPP				
數額（百萬）	26,304	105,911	164,380	206,832
對美國 (%)	17.9	71.9	111.6	140.5
對世界 (%)	3.4	15.2	23.6	29.7

說明：(1)根據 The World Bank, *World Development Indicators*, 2010, Table 1.1
　　　計算；世界銀行報告無汶萊資料，緬甸數字係作者估計。
　　　(2)對美國與對世界係分別以美國與世界數字為分母計算之百分比。

三、世界經濟的新動向

　　過去二十年的快速全球化、區域化與中國崛起引起很
多重大經濟現象的變化，形成當前世界經濟的新動向，經
濟學者的思維也應隨之改變。

　　㈠全球化改變物價變動的途徑。過去貨幣數量不斷增
加，引起一般物價持續上漲，形成「通貨膨脹」，就是所謂
「貨幣數量學說」(quantity theory of money)，是經濟學
中少數重要法則。「通貨膨脹」譯自英文 inflation，約定成

俗，其實並非十分恰當。更正確的表達應是「物價膨脹」。
因為不斷膨脹的是物價，通貨增加只是原因。過去二十年
物價變動的型態更讓我們必須進一步區別商品價格膨脹
(commodities price inflation) 和資產價格膨脹 (assets price
inflation)。使用簡化的概念，不能在細微處辨別，可能導致
不當政策，引發嚴重後果。

　　全球化使商品在國際間移動順暢，用經濟學的語言說：
就是世界商品供給的價格彈性幾乎無限大，任何國家物價
上漲，其他國家的商品就會流入，使其降低。因此過去二
十年先進和主要新興經濟體的商品價格膨脹率下降，波動
的幅度亦縮小❹。日趨穩定的商品價格傳遞錯誤訊息，讓
相關決策人士以為政策得宜，以致長期採取寬鬆貨幣政策，
導致利率下降。根據凱因斯 (J. M. Keynes) 的流動性陷阱理
論，當利率降至某一最低水準，人民就會無限持有貨幣。
不過事實上無人會長期保有過多的貨幣，多餘的貨幣流入
資產市場，使資產價格上漲。資產價格上漲固然使其收益
率下降，但卻產生資本利得，吸引繼續購買，導致資產價
格膨脹。資產價格超過收益所能支持的部分形成資產泡沫，
而一切泡沫終必破滅，造成金融危機，引發經濟衰退。世界
各國剛剛渡過的 2008–2009 年金融危機就是顯著的例子。

---

❹　The Monetary Fund, *World Economic Outlook: Globalization
　　and Inflation*, April, 2006, pp. 97–105.

資產包括房地產、股票、債券和其他金融資產。最近臺海兩岸都在關切房價高漲的問題。然而如果利率低，又少了生產性投資機會，政府要讓人民將錢放在哪裡呢？

商品價格膨脹和資產價格膨脹的區分也讓我們聯想到如何計算真實利率、真實工資甚至真實所得一類的問題。是否「名目」(nominal) 項目只須消除商品價格膨脹率就可以得到「真實」(real) 項目？要不要考慮資產價格膨脹的部分？當商品價格膨脹時，我們都會感到比以前貧窮，然而當資產價格上漲時，我們究竟比以前更貧窮還是更富有呢？

㈡**全球化改變了所得分配**。很多人不了解為什麼經濟成長但所得不增加。其實不是所得不增加而是薪資所得不增加，或增加很少，原因是所得分配改變。所得分配取決於生產因素的相對稀少性。在經濟學的世界中，稀少的東西價昂、充裕的東西價廉是自然的道理。在過去 20 年全球化普及的過程中，大量新進勞動力加入世界生產，使勞動相對於資本增加，一般性人力相對於專業性人力增加，致薪資所得占 GDP 的比例下降，薪資所得的差距擴大，因此產生經濟成長但薪資收入少見改善的現象。

全球化也使製造品供給充裕，自然資源供給緊張。過去經濟連續成長使失業率下降，工資上漲，導致「**成本推動型物價膨脹**」(cost-push inflation)，近年轉變為資源價格上漲，成為推升物價的主要原因。

　　全球化使若干產業從工資較高的國家移往較低的國家，使高工資國失業增加，這時理想的策略是提升技術水準，發展新產業，吸收失業人力，使國家的平均生產力和經濟成長率提高。如果國家缺乏提升技術水準和發展新產業的能力，或雖然有這種能力，但受到政府政策限制以致不能發揮，如臺灣過去陳水扁政府時代，不得已求其次，應放寬對勞動市場的限制，容許工資自由調整，讓若干低生產力的產業能生存。我們在高失業率時所看到的遍地攤販就在某種程度上代表這種意義。很多失去就業機會的人，以攤販為載具 (vehicle)，實現法所不容的微薄工資，唯微薄的工資亦勝於零工資和政府補貼的負工資。已實行多年但最近才因抗爭而引起注意的「派遣人力」也是勞動市場僵化產生的自救制度。如果我們為了一種自以為高貴的目的，不容許這兩種（攤販和派遣）機制存在，其結果只是讓更多人受苦。

　　㈢**區域化改變了貿易的方向**。區域經濟發展使商品在區域內移動成本下降，加上彼此距離近、運費低，因此使得區域內貿易增加。以東亞地區而言，1980–2005 年，區域內進口占進口總額的比率從 35% 增加為 57.3%；區域內出口占出口總額的比率從略高於 35% 增加為 54.5%。目前東亞區域內貿易的比率和歐盟情形接近；北美自由貿易區則因自歐盟和東亞的進口成長，以致區域內進口的比率和

區域內出口的比率之間差距擴大❺。

區域經濟發展也鼓勵了產業內貿易，同成品的不同部分在區域內不同國家生產，促進了更細密的分工，導致規模經濟與創新，使生產力提高。這也是區域內貿易增加的重要原因。

區域經濟發展促進了區域內國家之間的貿易，而區域內貿易增加促進了區域內國家的分工合作與共同利益，因而進一步尋求下一階段的整合。

㈣**世界經濟重心東移**。歷史上，亞洲特別是中國曾經長時期為世界最富有的地區，18 世紀中葉工業革命後漸為西方超過，終致淪為貧窮之域。現代經濟學鼻祖英哲亞當・史密斯 (Adam Smith) 在 1776 年出版的《國富論》(*An Inquiry into the Nature and Causes of the Wealth of Nations*) 中說，中國雖較歐洲富裕 (opulent)，但卻缺少進步 (progress) 以致停滯不前。2000 年 1 月 13 日《遠東經濟評論》(*Far Eastern Economic Review*)〈亞洲之前程〉(The Way ahead of Asia) 一文中說：「過去 500 年對亞洲而言，是一段從繁榮到貧窮的故事，亞洲至今仍是世界上窮人最多的地

---

❺ Nobuaki Hamaguchi, Regional Integration, Agglomeration, and Income Distribution in East Asia, in Yukon Huang and Alessandro Magnoli Bocchi, eds., *Reshaping Economic Geography in East Asia*, the World Bank, 2009, pp. 1–17.

方。中國自 15 世紀從世界舞臺撤退後開始式微，並喪失其
在航海方面技術領先的地位。」

究其原因是因為清朝在其最盛時期，採取閉關自守的
政策，錯失了西方工業革命的列車，致使經濟停滯落後。

根據安格斯‧麥迪森 (Angus Maddison) 所計算的歷史
統計，過去 500 年東亞經濟在前三百多年約占世界 GDP 的
30% 左右，1820 年最盛時期，達 40%，19 世紀中葉被西歐
超過，20 世紀初期被美國趕過，至 1950 年僅占世界 GDP 的
11.4%。其後迅速成長，2001 年大致回到 30% 的位置 ❻。

麥迪森使用 "International Geary-Khamis dollars" 計算
GDP，和世界銀行使用美元匯率和 PPP 計算的基礎不同。
不過西歐和北美等工業先進國家經濟成長率低，東亞新興
與發展中國家經濟成長率高，2009 年美國占世界 GDP 的
比率為 20.4%，歐元區為 15.1%，亞洲發展中國家為 22.6%，
中國為 12.6%，世界經濟重心東移，世界經濟版圖重整，
已呈明顯的趨勢。

㈤**全球經濟失衡 (global imbalances)**。一方面是美國
對外貿易長期逆差，另一方面是以中國為主的若干新興經
濟體對外貿易長期順差，而且逆差和順差的規模不斷擴大。
美國以其不斷擴大的貿易逆差，協助順差國增加出口和就

---

❻　Indermit Gill and Homi Kharas, *An East Asian Renaissance*,
the World Bank, 2007, p. 67.

業，促進經濟成長，累積外匯準備；也導致世界貨幣供給增加，流動性 (liquidity) 泛濫，成為世界資產（價格）膨脹及這次金融海嘯背後的主要原因。

順差國雖然獲得經濟成長和外匯增加的利益，但卻犧牲經濟福利。其努力增產的商品以貿易順差的形式送予外國享用，不能用於增加本國人民的福祉，而外匯累積使貨幣供給增加，增加了物價膨脹的壓力，也潛藏著外匯貶值的風險。而在另一方面，逆差國對外的負債則不斷增加，終於有一天會到達不可承受的程度。

貿易差額 (trade balance) 是構成一國國際收支經常帳差額 (current-account balance) 的主要部分。多年以來美國的經常帳逆差不斷擴大，從 1995 年的 113,561 百萬美元，增加到 2007 年的 731,209 百萬美元，2008 年受到金融海嘯的影響縮減至 706,066 百萬美元，其占當年 GDP 的比率分別為 1.5%、5.3% 和 4.8%；其後續見減少，但隨著經濟復甦又開始增加，最近一年為 4,605 億美元，占 GDP 之 3.4%❼。2009 年美國對外負債對 GDP 的比率為 83%，2010 年 11 月聯準會又推出 6,000 億美元的量化寬鬆政策，預估

---

❼ 1995 年和 2007 年數字根據世界銀行 2009 年 *World Development Indicators*；2008 年數字根據世界銀行 2010 年的 *World Development Indicators*；最近一年的數字引自 *The Economist*, January 15–21, 2011, p. 90。

2011 年或 2012 年將達 100%。順差國以其對美順差獲得之美元外匯購買美國之債券，維持了美元對外之匯率，也使美債價格上漲，利率下降。目前美國是世界最大的負債國，中國大陸是最大的債權國，窮國借錢給富國花，有一天還可能被倒債。一旦其他國家對美元金融資產需要減少，美元大幅貶值，勢將造成世界經濟重大災害，損失最大的就是保有美元外匯最多的中國大陸。全球經濟失衡如不及時糾正，災難終將降臨。這也是很多國家多年來採取凱因斯新重商主義發展策略，如不及時改弦更張，最後必須付出的代價。

四、臺灣的處境與選擇

目前中國大陸的外匯準備已逾 2.3 兆美元，占其 2008 年進口總額 11,330 億美元的 260.6%，GNI 38,881 億美元的 59.0%，與 GDP 43,270 億美元的 53.5%。近年以其豐沛的外匯做戰略運用，從世界各地取得自然資源長期供應，例如自非洲取得農地，自澳洲取得鐵礦，自南美取得石油和礦藏，自俄羅斯和中亞取得天然氣，此外並對區域組織與友好國家提供巨額資金，動輒數十億甚至百億，以擴大在國際上之影響力。然而不論大陸如何努力使用外匯，其外匯準備仍有增無減，因為來自貿易順差、生產因素國外報酬淨額、外國直接投資和證券投資獲得的外匯更多。

臺灣對大陸的發展和繁榮有很大的貢獻。臺灣自 1970

年代初期以來貿易長期保持順差，反映國民儲蓄大於國內
投資，有餘力可供對外投資。1980 年代下半期，擴大的貿
易順差，導致新臺幣大幅升值，使若干產業和廠商失去競
爭力，開始向外尋找投資機會。初期的對外投資集中於東
南亞國協原始會員國的泰國和馬來西亞。隨著中國大陸的
開放，對大陸的投資增加，1997 年東亞金融危機後逐漸集
中於大陸。

　　臺灣對大陸的投資究竟有多少？根據經濟部的統計，
1991–2009 年政府核准的投資，累計共計 37,771 件，合計
82,703 百萬美元。一般認為實際投資金額應較政府核准的
數字為高。不過一切資金流動都應表現於中央銀行所編製
的國際收支平衡表之中，如實際投資大量超過官方統計誤
差範圍，應表示多餘之金額並非自臺灣流出，因此亦不影
響臺灣的外匯準備與超額儲蓄；或者說這些財富從未進入
臺灣的金融體系。

　　臺商對大陸的投資不僅直接增加大陸的就業與所得，
而且幫助大陸拓展國外市場，提升管理與技術水準，其對
大陸經濟現代化與快速成長的貢獻，實非單純的投資金額
所能充分表現。

　　隨著臺商對大陸的投資增加與大陸的快速經濟成長，
臺灣對大陸的出口大量增加。其中一個重要原因是臺商自
臺灣進口上游的零組件和中間產品。2005 年 5 月 5 日美國

《商業周刊》(*Business Week*) 的封面報導標題是：〈**臺灣何以重要？全球經濟沒它不行。**〉這篇報導說：「想找出隱藏的全球經濟中心嗎？開車走趟臺灣的中山高速公路。這條路段帶你到達將美國的龐大市場和科技團隊與中國的巨大製造中心連接在一起的各個公司❽。」又說：「臺灣的成功就是中國的成功。沒有人確知，中國出口的資訊和通信硬體有多少由臺灣人的工廠製造，估計約在 40–80% 之間。百萬之眾的臺灣人在大陸生活和工作，整個中國的製造業，高層都有臺灣的管理和行銷專家，以及他們在世界各地的接觸❾。」

　　《商業周刊》的這篇報導也許稍嫌誇張，但兩岸經濟唇齒相依則是事實，只是由於大陸經濟快速壯大，而臺灣經濟相對式微，以致臺灣經濟對大陸經濟的重要性和在世界經濟中的地位日漸降低。這固然是臺灣的不幸，應亦可看作是大陸的不幸。

　　2009 年，臺灣對大陸的貨物出口 73,977.8 百萬美元，占出口總額 255,628.7 百萬美元的 28.9%，進口 31,391.3 百萬美元，占進口總額 240,447.8 百萬美元的 13.1%；對大陸的貿易順差 42,586.5 百萬美元，遠大於順差總額的

---

❽　Why Taiwan Matters? The Global Economy Couldn't Function without It, *Business Week*, May 5, 2005, p. 18.

❾　同❽。

15,180.9 百萬美元 **❿**。

理論上對大陸投資與出口不斷增加，應會導致臺灣產業結構迅速調整，引起新投資，使生產和經濟成長率提高，也會吸引外國投資，以臺灣為基地，經營區域與國際經貿關係。然而由於從李登輝總統到陳水扁總統兩岸政治關係緊張，政府對投資中國的種種限制，以及不能直航通匯等不利因素，臺灣近年國內投資停滯，外資撤離，人才和資金外流，產業發展缺少重大突破，以致經濟成長緩慢，對外經濟地位下降，和中國的迅速升高，成為強烈對比。

2000 年臺灣的人均 GNI 14,721 美元，為世界人均 GNI 5,170 美元的 2.85 倍，為高所得國人均 GNI 27,680 美元的 53.2%；2008 年臺灣的人均 GNI 17,576 美元，為世界人均 GNI 8,654 美元的 2.03 倍，為高所得國人均 GNI 39,687 美元的 44.3%。二者都大幅降低。若與昔日同為東亞四小龍中的南韓相比，2000 年南韓的人均 GNI 只有 8,910 美元，臺灣是南韓的 1.65 倍；2008 年南韓的人均 GNI 增加為 21,530 美元，臺灣只有南韓的 82%**⓫**。

---

❿ 經濟建設委員會，《臺灣經濟論衡》，2010 年 3 月，頁 110–111。

⓫ 2000 年數字根據世界銀行 2002 年的 *World Development Indicators*；2008 年數字根據世界銀行 2010 年的 *World Development Indicators*。

2010 年 1 月 1 日大陸與東協簽訂的自由貿易協定生效，大陸與東協原始五國加汶萊，超過 90%、7,000 多項產品零關稅，大陸對東協六國的平均關稅稅率從 9.8% 降低到 0.1%，東協六國對大陸的平均關稅稅率從 12.8% 降低到 0.6%❷。臺灣面臨的選擇開放而加入抑設限而孤立迫在眉睫。

2008 年 5 月政黨再次輪替，馬英九總統就職以來，兩岸關係迅速改善，然而由於受到金融危機的影響，世界經濟陷入 1930 年代初以來最嚴重的衰退。2009 年第 2 季開始世界經濟漸呈復甦，然而國內兩黨意識型態對立嚴重，在野黨對執政黨的開放政策，採取抵制的態度。政府的立場能否堅定不移？國民黨能否持續執政？政治上的不穩定與政策的不可預測，使長期生產性投資卻步。因此兩岸政策開放以來，雖然偶有在大陸經營成功的臺商資金回流，購買金融資產和房地產，但看不到生產性的投資有顯著增加，也未聞重要跨國公司有意願來臺投資。

與大陸簽訂「**經濟合作架構協議**」(Economic Cooperation Framework Agreement, ECFA) 原應是臺灣面對東協加一、加三的不平等關稅競爭，突破重圍、參與公平競爭的重要機會，卻遭遇民進黨的質疑和杯葛。馬英九總統和蔡英文主席並為了 ECFA 作公開電視辯論，但

---

❷　《遠見雜誌》，2010 年 2 月，頁 130。

真理卻沒有愈辯愈明。政治議題在臺灣永遠是信者恆信，不信者恆不信，而且縱然心裡相信，口裡也要反對到底。這真是臺灣的不幸。

大陸海協會常務副會長鄭立中說：「ECFA 是為推動實現兩岸經濟關係正常化、制度化、自由化做出的特殊經濟安排❸。」不過「架構」（大陸稱之為「框架」）協議畢竟只是架構性的協議，而非全面性的貿易自由化，後者是「自由貿易協定」的任務。ECFA 的內容包括投資保障、智慧財產權保護和貨物與勞務的市場開放等。其中最受關注的是兩岸各自提出若干優先項目，也就是所謂「早期收穫清單」，討論關稅互免。

反對的人擔心免關稅後，對方的商品長驅直入，國內廠商無法競爭，以致經濟成長率降低，失業增加。然而從來經濟學者主張自由貿易、世界各國追求貿易自由化，其理想正是希望廢除關稅和人為障礙，讓商品在國際間自由移動，促進分工專業，各自生產最具比較利益的產品，使規模擴大，技術精進，生產力提升，人民的經濟福利增加。為什麼人民的經濟福利會增加？一方面是因為生產力提高，所得增加；另一方面是外國的低廉商品輸入，使真實購買力提高。自由貿易的理想就是將國內市場拆除疆界擴大到國際市場，藉市場作用調節產業結構，提高資源使用的效

❸　《旺報》，2010 年 1 月 27 日，A3 版。

率，使其生產最大的經濟價值。過度保護失去競爭力的產業或其中的若干廠商，阻礙產業結構改善，受到傷害的其實是整個經濟和全體老百姓。

和大陸簽訂 ECFA 是臺灣當前的重要機會。臺灣現在最應該做的不是保護國內產業，阻擋外來的競爭，而是：

㈠**繼續改善兩岸關係**，尋求兩岸經貿合作的途徑，加強對大陸臺商的支援，創造一個更自由的經營環境，便利人才和資金流動，使跨國公司和臺商更願立足臺灣、發展在大陸和東亞各國的事業。

㈡**改善投資環境**，包括公共建設的投資與生活環境的改善。臺灣這些年來最明顯的落後就是看不見產業與人才聚集、大都會蓬勃發展所形成的「聚集」現象 (agglomeration)。這固然是多年缺少重大生產性投資 (productive investment) 的結果，但又何嘗不是因為缺少有利的環境，以致國內外的企業家遲疑卻步。

㈢**最重要的是政府應建立一個穩定與可以信賴的政治環境**，政府的政策必須穩定與可預測 (stable and predictable)。只有如此長期和巨額的生產性投資才願意進來。馬英九總統在今年的元旦祝詞中說：「過去國內投資不足，與兩岸關係緊張、政府政策不明以及效率不彰有關。」可以說是正確的觀察。

㈣**要維持一個更有彈性的勞動市場**，輔以務實的職業

與技藝訓練機制，以便利人力在產業間和行業間移動。我們看歐洲各國的經驗，勞動市場愈有彈性失業率愈低，對勞動市場限制愈多失業愈多。政府對勞工的保護往往只保護到有業的勞工，但卻會付出失業增加的代價，例如最低工資的規定使低生產力的產業無法生存。善意的目的不能用錯誤的手段達到。

兩岸簽 ECFA 並不涉及臺灣和其他國家簽訂 FTA，也不涉及大陸是否撤飛彈，過度引申的話題，無益於現實問題的化解。不過 ECFA 順利完成顯示兩岸的善意和互信，對於兩岸關係以及臺灣與其他國家洽談 FTA，自會有一定的幫助。

「經濟合作架構協議」
與兩岸經貿關係

2010 年 7 月 8 日，天津市，第三屆津臺投資合作洽談
會——臺資企業發展論壇主題演講。

一、大陸經濟發展與臺灣的參與

中國大陸自 1978 年改革開放以來，從過去的中央計畫經濟逐步走向市場經濟，經濟快速成長。1980–2008 年**國內生產毛額 (GDP)** 的平均年成長率超過 10%❶。2009 年世界經濟受到金融危機和其後之嚴重衰退影響，成長率轉為負值，大陸仍達到 8.7% 的成長率。2008 年大陸 GDP 占世界 GDP 的比率為 7.1%，2009 年增加為 7.8%，2010 年估計可達 8.5%。至於其占美國 GDP 的比率則分別為 29.7%、33.0% 與 35.2%。依此計算 2009 年已超過日本，成為世界第二大經濟體❷。

如此長時期快速的成長，主要由於在全球化的環境下，憑藉開放的政策和「後進的優勢」，得以充分利用其他國家的資本、技術、人才和市場。臺灣也在大陸的快速成長中

---

❶ The World Bank, *World Development Indicators*, 1999 & 2010, Table 4.1.

❷ 根據 2010 年 the World Bank, *World Development Indicators*, Table 4.2 之 GDP，按照國際貨幣基金 2010 年 4 月 *World Economic Outlook* 之成長率計算，又根據國際貨幣基金 2010 年 10 月 *World Economic Outlook* 之統計，大陸 2009 年之 GDP 成長率為 9.1%，2010 年預測之成長率為 10.5%，二者皆高於原來預期。

扮演了重要的角色。

臺灣於 1958 年實施「改進外匯貿易方案」，將經濟發展的策略從「進口代替」轉向「出口擴張」，走上漸進自由化的道路。GDP 的平均年成長率 1960 年代和 1970 年代略低於 10%，1980 年代降低到約 8%，較大陸略為遜色，這也是當時世界經濟環境較為不利使然。不過由於新臺幣對美元升值，以美元計算的人均**國民生產總值** (gross national product, GNP) 則較大陸表現為優。從 1970 年到 1990 年新臺幣對美元的匯率從40：1上升到大約27：1，人均 GNP 從 393 美元增加到 8,325 美元，20 年間增加了 20 餘倍。

自從 1980 年代後期臺灣對大陸的政策開放以來，臺商到大陸投資不斷增加。根據經濟部統計，截至 2009 年政府核准對大陸的投資累積件數為 37,771 件，金額為 82,703 百萬美元。此一數額分散於二十年，和大陸近年的**外國直接投資** (FDI) 每年動輒數百億美元，經常帳順差 (current account balance) 動輒數千億美元相比，似乎微不足道，但其所帶來的人才、技術、管理、創新、經營模式、企業文化、海外市場和在全世界的人際關係等，對大陸經濟發展的貢獻，則不是簡單的金額所能表示。

臺灣對大陸的出口也不斷增加，一方面是因為大陸經濟成長快，市場迅速擴大，另一方面是因為在大陸的臺商

出口增加，需要從臺灣輸入中上游產品。近年大陸已成為
臺灣出口最大的市場，也是臺灣貿易順差最大的來源。
2009 年臺灣對大陸出口的金額為 73,978 百萬美元，占出口
總額 255,629 百萬美元的 28.9%，自大陸進口的金額為
31,391 百萬美元，占進口總額 240,448 百萬美元的 13.1%；
對大陸的貿易順差達 42,587 百萬美元，遠超過順差總額的
15,181 百萬美元❸。

二、柳暗花明的兩岸經貿關係

理論上，對大陸直接投資增加會引起臺灣產業結構調
整，出口增加應使生產增加、產能擴充，而大陸的迅速成
長也會吸引外資來臺。所有這些因素應使臺灣投資增加，
產業結構改善，生產力與經濟成長率提高。一個經濟體從
另外一個經濟體的繁榮與開放中獲得利益是經濟發展自然
的規律。然而由於從李登輝前總統到陳水扁前總統時期兩
岸政治關係緊張，經濟關係自我設限，以及兩岸不能直航
通匯等不利因素，以致臺灣國內投資遲滯，外資撤離，人
才與資金外流，經濟成長率下降，在國際經濟中排名降低。

2000 年臺灣人均國民所得總值 (GNI) 為 14,721 美元，
略低於西班牙的 15,080 美元，排名世界第三十九；2008 年

---

❸　經濟建設委員會，《臺灣經濟論衡》，2010 年 3 月，頁
110–111。

人均 GNI 為 17,576 美元，八年間只增加 19.4%，尚未扣除物價膨脹的因素，低於沙烏地阿拉伯的 17,870 美元，排名世界第五十五，而西班牙從世界第三十八名晉升為第三十六名❹。同一時期以東協十國為核心的東亞區域經濟整合日愈盛壯，以**自由貿易協定 (FTA)** 為主要內容的「東協加三」(中國、南韓、日本) 和「東協加六」(澳洲、紐西蘭、印度) 逐漸形成，更長遠的目標是**「東協共同體」**(ASEAN Community) 和**「東亞共同體」**(East Asian Community)。臺灣如孤立在外，經濟處境將更為困難。

唯臺灣經濟的不幸亦非大陸經濟之福。因為如果臺灣經濟失去成長的動力，大陸從臺灣得到的源頭活水也將枯竭，就如同「金雞母」死掉也就再無金雞蛋可撿。

2008 年 5 月，臺灣再度政權輪替，國民黨重新執政，兩岸關係改善，對大陸的政策從封閉走向開放，兩岸經貿關係峰迴路轉，真可說「山重水複疑無路，柳暗花明又一村」。分別代表兩岸官方的大陸海協會陳雲林會長與臺灣海基會江丙坤董事長於 2008 年 6 月 12 日重啟兩會協商，在一年半時間內已舉行四次會談，簽署了十二項協議，為改善兩岸關係、建立互信打下良好基礎。談判多時的 ECFA，

---

❹ 根據世界銀行 2002 年和 2010 年的 *World Development Indicators* 計算。唯世界銀行的 "Indicators" 未包括臺灣的資料，所以臺灣的排名只是從人均所得最接近的國家比較而得。

也於 6 月 29 日在重慶舉行的第五次江陳會簽約；同時簽署的還有「智慧財產權保護合作協議」。

ECFA 在序言中說明：「雙方同意本著**世界貿易組織 (WTO)** 基本原則，考量雙方的經濟條件，逐步減少或消除彼此間的貿易和投資障礙，創造公平的貿易投資環境。」25 日江丙坤在一次演講中說：ECFA 只是一個框架，生效之後還有三個重要協議要洽簽，就是貨物貿易協議、服務業貿易協議和投資協議；貨物貿易協議也就是自由貿易協定❺。

ECFA 談判中最具體、最為產業界關注的項目是所謂「早收清單」，也就是兩岸各提出若干產品，先享受減免關稅的優惠。談判結果，臺灣列入早收清單的有五百三十九項，大陸有二百六十七項，大致反映臺灣對大陸出口多、自大陸進口少的事實。

三、ECFA 的利益

ECFA 對臺灣最重要的意義是臺灣終於走出閉關但不可能自守、只能眼看人才、資金和機會一天一天流失的困境；而早收清單讓一部分產品可在大陸和取得 FTA 優惠的外國產品公平競爭。

ECFA 的利益應分三個層次來講，就是創造需要的層次，調整產業結構、提高競爭力的層次和增加投資的層次。

---

❺　《聯合報》，2010 年 6 月 26 日，A17 版。

㈠**創造需要**。根據凱因斯 (J. M. Keynes) 的需要管理理論 (demand management theory)，在未達充分就業的情形下，總需要決定 GDP 和就業，而出口增加使總需要增加，進口增加使總需要減少，因此貿易談判爭取出口項目增加、進口項目減少。這正是**新重商主義** (neo-mercantilism) 的基本理念。臺灣和南韓早期採取出口導向的政策，補貼出口，限制進口，也是出於這樣的思考。晚近我們在媒體看到的贊成和反對 ECFA 的言論，大部分都在這一層次。贊成的一方說，我們爭取到的出口項目多，開放自大陸進口的項目少，弱勢產業不開放進口，也不開放大陸的農產品進來。反對的一方則說臺灣是「以龍蝦換蝦米，鑽石換彈珠」，意謂臺灣所失者多，所獲者少。又說 ECFA 的利益都被大財團吃掉，以後窮者愈窮，富者愈富。不知何所據而言。尚未見有人說，讓國外物美價廉的產品進來可使國內物價下降，生產成本降低，生活水準提升，經濟福利增加。

多年前芝加哥大學的哈勃格 (Arnold Harberger) 教授在一次討論各國發展經驗的研討會中，負責作總結報告，在他提出的一些具體建議中有一項是：「對國際貿易加以運用，不必堅信自由貿易，也不必閉關自守❻。」基本上經濟

---

❻ Arnold Harberger, *Economic Policy and Economic Growth*, San Francisco: Institute for Contemporary Studies, 1985, pp. 9–15.

學者多相信自由貿易，但亦不可不知變通。在自由貿易的大原則下，考量實際情形，運用政策工具或談判技巧，達到增加需要、促進成長的目的，也是可用的手段。不過不讓外國有競爭優勢的產品進來，排斥物美價廉產品，使經濟福利減少；保護低生產力的弱勢產業，使平均生產力降低，對經濟成長不利，並非長期中對國家有利的作為。

㈡**調整產業結構，提高生產力**。這個層次才是自由貿易的核心價值所在。根據李嘉圖 (David Ricardo) 的「**比較利益學說**」(theory of comparative advantage)，貿易國各自生產其具有比較利益的產品，可使資源使用的效率提高，貿易雙方都得到利益。經濟學者兩百多年來主張自由貿易，如今世界各國紛紛簽訂 FTA，正是想要消除人為和關稅障礙，讓商品（包括同一成品的不同部分）在締約國之間自由移動，藉市場力量促成產業在國際間分工，擴大規模，導致創新，使資源利用的效率達到最高，因而生產力和所得最高。所以欲充分實現自由貿易的利益，必須任由競爭導致產業結構調整，讓資源集中到本國最具比較利益的產業。在產業調整的過程中，若干產業可能萎縮或消失。這應是討論 ECFA 時大家不願觸及此一層面的原因，但卻是政府和業界不能迴避的問題。

貿易的**凱因斯效果** (Keynesian Effect) 和**李嘉圖效果** (Ricardian Effect) 比起來，凱因斯效果是短期利益，而且

貿易的一方得到利益，另一方就失去利益，所以不能行之久遠。李嘉圖效果才是長期利益，貿易雙方都得到利益，因此才有合作的可能。

㈢**增加投資**。過去十數年臺灣經濟停滯不前最主要的原因，就是兩岸政策自我設限，致使本土的企業家出走，外國的投資者不進來，沒有人願意作長期重大的投資。ECFA 為兩岸經貿發展建立起穩定可信靠的機制，疏通阻塞的管道，降低人貨交流的成本，加以臺灣的區位優勢和文化優勢，可以產生鼓勵投資的效果，使臺灣經濟重獲快速成長的動力，為兩岸和區域經濟做出更大的貢獻。

四、後 ECFA 時代兩岸經貿發展

ECFA 簽訂後，兩岸經貿發展進入嶄新的時代。大陸國臺辦主任王毅說得好：「協議的簽署有利於兩岸形成更合理產業佈局，更有效配置經濟資源❼。」這完全是上述第二層次的思考,臺灣亦應從第一層次需要面創造出口的思考，進入第二層次供給面改善產業結構、調整資源配置、提高生產力的思考，並設計配合的政策。三十多年前我擔任經濟建設委員會副主任委員時，有一次美國自由經濟大師諾貝爾經濟學獎得主傅利曼 (Milton Friedman) 到經建會訪問，經建會為他做簡報介紹臺灣經濟發展。簡報完畢俞國

---

❼　《中國時報》，2010 年 6 月 30 日，A1 版。

華主任委員請傅利曼表示意見，傅利曼第一個建議就是「撤消經建會」。我開玩笑說：「撤掉經建會我就失去工作了。」他立刻回應說：「你會找到更好的工作。」產業必須不斷升級，經濟才能進步，不能故步自封。這是政府和民間都應有的心理建設。

臺灣並應大力改善投資環境，加強國際化，促進投資。最近「產業創新條例」將營利事業所得稅從 25% 降低到 17% 是很好的開始。不過臺灣近年在公共設施和都市建設方面進步比較緩慢，加以兩岸關係尚未突破，以及缺少重大投資，以致在進入 21 世紀的最初 10 年，未能創造人才、技術與產業群聚的聚集經濟 (agglomeration economy)，產生規模經濟 (scale economies) 與外部利益 (external economies)，使生產力提升。天津濱海新區的建設，臺灣應可引為參考。天津濱海新區包含天津科技發展區、天津自由貿易區和天津港，為大陸早期在廣東、福建、海南開放設立經濟特區和 1990 年在上海設立浦東新區之外的第三類改革實驗區，十一五計畫寄予厚望，期待藉以推動環渤海灣區域的發展。天津港近年迅速成長，現在已成為世界第六、大陸第四與北方第一大港，港內有全國最大的保稅港區。

大陸經濟面臨的最重要轉變，就是開拓國內市場以平衡過去對出口貿易的過度依賴。報載胡錦濤主席最近在多

倫多與美國歐巴馬總統會談時表示：「中國無意追求對美順
差」。然而政策導致大量順差的後果，對世界經濟和大陸經
濟都有重大影響。

五、餘　論

　　晚近世界經濟的重大隱憂之一就是所謂「世界經濟失
衡」(global imbalances)，一方面是美國對外貿易大量入超、
國際收支經常帳呈現巨額逆差，另一方面是以中國大陸為
主的若干新興與發展中國家對外貿易大量出超、經常帳有
巨額順差，加以外資流入，使外匯準備大量增加。近年大
陸的外匯準備每年以接近 GDP 10% 的比率增加，有時甚
至超過 10%。2009 年底大陸的外匯準備已達 23,435 億美
元，國際貨幣基金估計 2010 年底將達 27,061 億美元，2011
年底達 30,511 億美元❽。大陸進入 21 世紀以來，經常帳
順差占 GDP 的比率從 2000 年與 2001 年低於 2%，增加到
2007 與 2008 年的 11.0% 與 9.4%，民間消費占 GDP 的比
率從 2000 年的 47% 和 2001 年的 46%，減少到 2007 年的
33% 和 2008 年的 34%，顯示每年增加的生產用於累積外

---

❽　大陸外匯管理局 2011 年 1 月 24 日表示，「從 2007 到 2009
　　年，大陸的國際收支總順差每年都有 4,500 億美元左右，截
　　至 2010 年末，國家外匯存底已達 2.84 兆美元」。《旺報》，
　　2011 年 1 月 25 日，A10 版。

匯準備多，用於提升人民生活水準少。廣大的民眾未能公平享受高速成長的果實，沿海若干大都會地區的繁華富裕正反映所得分配不均、貧富差距擴大，也表示國內需要有大幅擴展的空間。改變發展模式，擴大國內部門發展，不僅有助於世界經濟平衡，也有利於改善國內所得分配，提升人民生活水準。

世界銀行於 2009 年 11 月出版的一份對東亞與太平洋地區的研究報告中有下面一段話：「這次金融危機讓本區域各國重新思考其發展策略，最主要的是在出口驅動成長與國內需要驅動成長之間作選擇是錯誤的選擇。各國應抗拒保護主義，保持開放，更加融入世界經濟以繼續攫取全球知識、科技與創新的利益。同時各國正在領悟，更多成長可自國內需要中獲致，只要我們減少或廢除那些為了鼓勵迅速建立高投資、出口產業所採的優惠措施，而這些產業是靠低匯率與壓制國內消費和服務支持的❾。」這段話當中所包含的簡單道理值得高明的決策者深思。

---

❾　The World Bank, *Transforming the Rebound into Recovery*, November, 2009, p. V11.

東亞區域經濟整合
與兩岸經濟發展

2008 年 5 月 3 日，臺北，時報基金會主辦「臺灣經濟新局與發展研討會」閉幕致詞；發表於《臺灣經濟新局與發展》，臺北，時報文教基金會，2008 年 7 月，頁 208–217。

　　當前世界經濟大勢是在全球化下，逐步形成歐洲、北美與東亞鼎足而三的局面。歐盟現在有二十七個國家，尚有克羅埃西亞和土耳其待加入。北美自由貿易區包括美國、加拿大和墨西哥三國。東亞區域經濟整合始於東協，1992年達成自由貿易協定，近年積極結合鄰近國家，向東亞經濟共同體的目標邁進。

　　東亞的區域經濟整合雖然始於東協，也以東協為中心謀求發展，但發展的主力其實是中國大陸。大陸於 2002 年 11 月與東協簽署「**中國與東協全面經濟合作架構協定**」(Framework Agreement on Comprehensive Economic Cooperation between ASEAN and PRC)。2003 年 10 月東協召開「**東南亞友好合作條約**」(Treaty of Amity and Cooperation in Southeast Asia) 會議，大陸由溫家寶總理代表簽約加入，形成「東協加一」。東協加一再加南韓和日本為「東協加三」，再加印度、澳洲和紐西蘭為「東協加六」。東亞區域經濟整合以東協共同體為短期目標，以東亞共同體為長期目標，而以「東協加三」為達成東亞共同體的載具。

　　中國大陸對東亞經濟的貢獻有貿易、旅遊和投資三條路線。在貿易方面，中國對西歐和北美貿易為出超，對東亞各國為入超；中國以入超帶動區域內國家的經濟發展。出超構成總需要的一部分，出超擴大使總需要增加，生產

和就業因而增加，這是重商主義和凱因斯 (J. M. Keynes) 所主張的貿易利益。

不過貿易的利益不以凱因斯效果為限，而且一國的出超也不可能不斷擴大。中國對區域內國家在貿易方面更基本的貢獻，是通過貿易促進分工與專業，使產業的經濟規模擴大，技術進步，生產力提高。這是亞當‧史密斯 (Adam Smith) 和大衛‧李嘉圖 (David Ricardo) 所主張的貿易利益。

此外中國開放旅遊，提供資金支援民間企業對鄰近國家投資，都有利於區域內國家經濟發展。

以大陸的經濟發展和臺灣比較，大陸自 1978 年改革開放，從中央計畫經濟逐步轉型為市場經濟，到現在將近三十年。臺灣則是經過 1958–1960 年的外匯貿易改革，從政府管制與干預的「進口代替」轉為出口導向、順應市場的自由經濟。大陸的 1978–2008 年相當於臺灣的 1960–1990 年。然而臺灣在 1990 年的人均 GNP 已達 8,000 多美元，大陸在 2007 年只有 2,500 美元左右。美元 1990 年的購買力遠比 2007 年高，所以臺灣在 1990 年的人均 GNP 如換算成 2007 年的幣值，要比當時的 8,000 美元高出很多。何以有如此大差別？我們大致可以想到三個原因：

㈠大陸 1978 年改革開放之初經濟成就比臺灣 1960 年時落後。大陸在 1978 年之前，經歷「三面紅旗」、「大躍進」、

大饑荒和文革十年浩劫，人均所得可能根本沒成長，甚至可能減少。

㈡改革開放後 1980 年代「摸著石頭過河」，經過集體企業、個體企業和私營企業，試探開放，蹉跎時光，真正快速成長要等到 1990 年代鄧小平南巡以後。

㈢臺灣在 1980 年代後期新臺幣對美元大幅升值超過 50%，而近年人民幣對美元升值從 1：8.2 到 1：6.98，不到 20%。

臺灣過去的經濟發展發生過兩個大錯誤。一個是在 1970 年代和 1980 年代自由化的腳步遲疑，未能讓新臺幣隨經濟實力增強和貿易差額改善升值，終於導致 1980 年代末期的**資產膨脹**和泡沫經濟，而升值終於無法避免，甚至更多，使若干廠商受到傷害，泡沫亦於 1990 年破滅。另外一個就是陳水扁政府或更早開始的兩岸經貿交流自我設限，未能充分利用大陸快速成長所帶來的機會和利益，以致產業、資金、人才流失，最後外流的不回來，外國的資源也不進來，坐困愁城，經濟日漸邊緣化。

大陸最大的錯誤就是重複臺灣在 1980 年代的錯誤，延誤人民幣升值時機。人不能從歷史學到經驗，以致重複別人的失敗，真是遺憾。2006 年大陸貨物與勞務的貿易順差為 2,089 億美元，國際收支經常帳餘額為 2,498 億美元，**外國直接投資** (FDI) 781 億美元，證券投資 (portfolio equity)

429 億美元，合計使外匯準備增加 3,708 億美元。而同年大陸是全世界最大的資本輸出國，淨輸出資本占世界總額的 17.3%，美國則為最大的資本輸入國，占世界總額的 59.6%。人均 GNI 排序世界第一百三十的貧窮中國大陸輸出資本給排序第十一的富有美國使用，實在荒謬。不過臺灣過去甚至直到如今也是如此。截至 2008 年 3 月為止十二個月，大陸的貿易順差更高達 2,566 億美元 ❶。如今大陸的外匯存量超過 1.6 兆美元，其中至少 1 兆為美元資產，人民幣對美元每升值 1%，中國人民銀行就要損失 100 億人民幣。不過另一方面，全國 GNI 以美元計算的價值增加更多。

　　決策者往往太重視貿易的短期利益即上文所說的凱因斯效果，而忽略貿易的長期利益即李嘉圖效果。其實人民幣升值有以下各種利益：

　　㈠使進口成本下降，進一步促進出口，在一定程度內形成良性循環。

　　㈡使人民的實質購買力增加，擴大國內市場，以國內市場擴大代替國外市場縮小。

　　㈢實質購買力增加使人民的經濟福利增加。

　　㈣使貿易的凱因斯效果轉變為李嘉圖效果，促進分工與專業，使技術進步，生產力提高。

　　㈤節制低生產力產業和產品發展，使平均生產力提高。

---

❶　*The Economist*, May 3–9, 2008, p. 106.

　　我們應該很高興，現在臺灣再次政黨輪替，新政府秉政後，經貿政策將從封閉走向開放，而大陸也終於讓人民幣升值，雖然升值的態度遲疑，但總比過去抗拒好。相信臺灣對大陸政策開放與大陸匯率政策順應市場，定會讓兩岸互蒙其利。

第二篇
臺灣的發展經驗與檢討

- ·臺灣經濟自由化的經驗與檢討
- ·經濟自由化、產業科技化
    - ──蔣經國時代臺灣經濟的成長與轉變
- ·臺灣發展知識經濟之路

臺灣經濟自由化的經驗與檢討

2006 年 4 月 14 日，北京，兩岸經貿論壇，專題報告；發表於《比較》，北京，中信出版社，2006 年 7 月，期 25，頁 29–40。

一、尋找發展的模式

臺灣於 1953 年實施第一期經濟建設四年計畫,開始有系統的經濟發展。雖然以市場經濟為基礎的指示性的計畫,不同於共產主義國家命令性的計畫, 前者以政府政策影響市場運作,後者則以政府命令取代市場機制,然而 1950 年代大致是政府高度干預的時期。這段時期後來被稱為進口代替時期, 政府採高關稅、進口管制與複式匯率, 以保護與發展選擇的產業, 來代替自國外的進口。複式匯率的作用, 在藉不同的匯率,一方面鼓勵出口,以促進經濟成長,增加就業; 另一方面節制若干商品的進口, 與降低若干商品進口的新臺幣成本, 以穩定物價。實際上促進成長、增加就業與穩定物價三個目標都很少達成。

1958 年政府實施外匯貿易改革,分兩階段將複式匯率簡化為單一匯率, 並將新臺幣對美元貶值, 使臺灣經濟發展的模式從進口代替轉變為出口擴張。自 1960 年代以來,臺灣經濟快速成長: 1960 年代發展的重要工業以勞力密集為主,特別是紡織業,1970 年代發展資本密集的重化工業,1980 年代發展技術密集的資訊電子工業,1990 年代成為世界科技產業的重鎮。直到 20 世紀結束之前,臺灣被視為世界發展中經濟 (developing economies) 的楷模,臺灣所採取的發展策略為國際著名經濟學家所稱道, 亦為其他發展中

國家所遵循。

　　哈佛大學經濟系的柏金斯 (Dwight H. Perkins) 教授說:「臺灣經濟發展的成功並非由於其領導者發現了一個成功的發展模式，堅守不移，而是由於發現了好幾個發展模式，於需要時加以變換❶。」不過進一步觀察這些發展模式變換的原則，一直是順應市場，藉助市場，終於走上自由化的道路。

　　臺灣經濟的自由化經歷三個重要的階段：第一階段是1958 年外匯貿易改革，使臺灣經濟發展從進口代替轉向出口擴張，帶動快速的經濟成長，但助長了 1970 年代初期的物價膨脹；第二階段是 1970 年代和 1980 年代初期，臺灣對外面臨兩次世界性能源危機，對內發展資本密集和技術密集的重化工業，需要不同市場條件的配合，政府管制減少，貿易、匯率和利率逐步走上自由化；第三階段是 1984 年政府宣布自由化、國際化、制度化，開始走向全面自由化，但卻徘徊遲疑，導致 1980 年代後期的資產膨脹 (assets inflation)。

　　臺灣於 1995 年即因在教育、研發和高科技產業發展上

❶　Li-Min Hsueh, Chen-Kuo Hsu, and Dwight H. Perkins, *Industrialization and the State: The Role of the Taiwan Government in the Economy, 1945–1998.* Cambridge: Havard University Press, 2001, pp. 1–2.

的成就被美國視為其在亞洲的新競爭者❷。1997 年和「東亞四小龍」的另外三條小龍新加坡、香港和南韓以及以色列在國際經濟社會中晉級為「先進經濟」(advanced economies)。而且諾貝爾經濟學獎得主克萊恩 (Lawrence R. Klein) 教授早在 1986 年即預測臺灣和南韓在發展中國家中最有可能繼日本之後於 20 世紀之末跨越從發展中 (developing) 到已開發 (developed) 的界線❸。然而直到 2006 年，臺灣似乎距「已開發」的境界日遠，其中固然有更深層的制度和文化的因素未能具備，但決策者對經濟自由化缺少認識和信心，以致躊躇不進，應亦是重要原因。

　　以下二、三、四、分別檢討上述三階段臺灣經濟自由化的經驗，希望從中汲取教訓，供其他發展中國家參考。五、討論大陸經濟興起對臺灣可能的影響，與臺灣應有的因應之道。六、是一些引申的意見。

二、局部自由化的成就與困境

　　1958 年的外匯貿易改革是臺灣經濟發展的一項重大

❷　National Science Foundation, *Asia's New High-Tech Competitors*, 1995.

❸　Lawrence J. Lau, ed., *Models of Development: A Comparative Study of Economic Growth in South Korea and Taiwan*. San Francisco: Institute for Contemporary Studies, 1986, pp. 12–15.

政策，也是臺灣經濟邁向自由化的一大步。這次改革將當時複雜的多元匯率分兩階段簡化為單一匯率，然後經過數次調整，於 1961 年穩定於 1 美元兌換 40 元新臺幣的水準。此一改革的理念，是希望回歸市場機制，藉合理的匯率自動發揮鼓勵出口、節制進口的作用，以改善貿易差額，促進經濟成長，減少失業。不過在進口方面仍有高關稅和人為的限制，出口方面則有退稅、外銷貸款與優惠利息的補貼，因此曾任經濟部長和財政部長的李國鼎先生在他後來的著作中回顧這一段時期，稱為**局部自由化** (partial liberalization) ❹。

一國在經濟發展中究竟應否補貼出口、限制進口，經濟學家一向有不同的看法。芝加哥大學經濟系的哈伯格 (Arnold C. Harberger) 教授在一次研討會中綜合若干國家的經驗，主張應藉助國際貿易，但不可過度干預，以免扭曲資源的有效利用。他特別以臺灣 1950 年代的自由化為例，說明其對出口增加的重大效果 ❺。

臺灣於 1958 年外匯貿易改革後，出口大幅增加，貿易

---

❹ K. T. Li, *The Evolution of Policy Behind Taiwan's Development Success*. New Haven: Yale University Press, 1988, p. 136.

❺ Arnold C. Harberger, *Economic Policy and Economic Growth*, San Francisco: Institute for Contemporary Studies, 1985.

差額迅速改善，帶動快速的經濟成長，加以當時主要工業多為勞動密集的工業，因此就業迅速增加，使失業率降低。從 1961–1970 年，按美元計算的出口金額增加六倍半，平均年增率為 25.3%；1961 年貿易差額占 GDP 的百分比為 –7.1%，其後逐年改善，至 1970 年達到平衡；國內生產毛額 (GDP) 的平均年成長率為 9.7%；失業率從 1961 年的 4.1% 降低到 1970 年的 1.7%。

此一以「局部自由化」為手段，利用對外貿易促進經濟成長的發展策略，其有效性受三個重要條件的限制。

㈠**儲蓄率是否隨貿易差額改善而提高**。一國對外貿易的差額，如不計算國際收支平衡表經常帳上的其他項目，恆等於其儲蓄率與國內投資的差額，儲蓄如不相對於國內投資增加，貿易差額即不可能改善。1960 年代到 1970 年代，和 1980 年代大部分時期，臺灣對外貿易的差額由逆差不斷減少到順差不斷擴大，固然是出口拓展的結果，但國民儲蓄不斷增加也有一定的貢獻。

㈡**貨幣供給是否能不受貿易順差擴大、外匯資產增加的影響，維持適度增加，不引起物價膨脹**。在一定匯率下，國內物價如相對國外物價上漲，貿易的優勢即無法保持。

㈢**就業是否仍可增加，使生產能量繼續擴充**。失業如已達充分就業水準，貿易差額所代表的國外淨需要繼續擴大，就會引起物價上漲。

　　臺灣經過 1960 年代的快速成長，㈡㈢兩個條件在 1970 年代之初，大致都已到達極限。1971 年 12 月，美元對黃金貶值 7.89%，其他工業國家的貨幣大都對美元升值，使美元相對於其他主要貨幣貶值約 12%，新臺幣對美元的匯率維持不變，因而亦隨之對其他主要貨幣貶值。加以 1972 年國際物價上漲，更有利於臺灣的出口。

表 2　1970–1974 年臺灣貿易差額占 GDP 百分比、外匯資產增加率、貨幣供給增加率、躉售物價上漲率與失業率

單位：%

年別 ＼ 項目	貿易差額占 GDP 百分比	外匯資產增加率（年底）	貨幣供給增加率（年底）	躉售物價上漲率（年平均）	失業率（年平均）
1970	0.0	29.4	15.0	2.7	1.7
1971	2.5	42.8	30.6	0.0	1.7
1972	6.3	72.7	34.1	4.4	1.5
1973	5.3	36.6	50.4	22.9	1.3
1974	−7.8	−27.1	10.5	40.6	1.5

資料來源：轉引自孫震，《臺灣經濟自由化的歷程》，臺北，三民書局，2003 年，頁 65、87。

　　進入 1970 年代，貿易差額擴大，外匯資產累積迅速，其增加率 1971 年達 42.8%，1972 年達 72.7%，致貨幣供給大幅增加，1973 年竟達 50.4%，物價膨脹當然是無法避免的後果。雖然政府於 1973 年 2 月美元再度貶值 10% 時，將新臺幣對美元升值 5% 至 1 美元兌換 38 元新臺幣，但「太遲又太少」，無濟於事。1973 年 10 月爆發世界能源危

機，石油價格劇漲，更使臺灣的物價膨脹如火上加油。1974
年世界經濟盛極而衰，由繁榮轉為衰退，臺灣由於物價上
漲超過國際水準，致新臺幣對外幣值從偏低轉為偏高，阻
礙出口，衰退的程度較世界更為嚴重。

　　臺灣在 1960 年代，如果能順應出口擴張與貿易差額改
善的情勢，逐步取消對出口的補貼，放寬對進口的限制，
調整匯率，修正偏低的幣值，一定會增進資源利用的效率，
達成更穩定的物價，與更高的經濟成長率，1974 年的衰退
也會較為緩和。

三、從重化工業到科技工業

　　經濟自由化是回歸價格機制 (price mechanism)，以市
場決定取代政府的管制與干預。命令式計畫企圖以計畫代
替市場，終於證明失敗，前蘇聯和 1978 年改革開放前的中
國大陸就是明顯的例子。指示性計畫常欲對抗市場，卻發
現不如順應市場，加以利用，更能有效達到希望的目的，
臺灣的發展經濟可做這一方面的代表。司馬遷說得好：
「……耳目欲極聲色之好，口欲窮芻豢之味，身安逸樂，
而心誇矜埶能之榮使。俗之漸民久矣，雖戶說以眇論，終
不能化。故善者因之，其次利道之，其次教誨之，其次整
齊之，最下者與之爭。」(《史記・貨殖列傳》)
　　臺灣在 1970 年代初期第一次能源危機爆發，經濟從物

價膨脹轉為經濟衰退前，政府怕新臺幣升值對出口不利，利率提高增加企業的負擔，不願採用，反而對重要民生物資限價，致使市場上供給減少，揚湯止沸，物價更漲；經濟衰退後，又怕新臺幣貶值和利率下降使物價膨脹死灰復燃，遲不調整政策，只有使衰退更嚴重。

然而臺灣畢竟從經驗中學到教訓。1970 年代後期和 1980 年代初期，是政府作各種制度性安排走向更自由化的準備時期。1975 年下半，臺灣經濟開始復甦，出口增加，對外貿易由逆差轉為順差，繼而順差擴大。1978 年 7 月，政府將新臺幣對美元的匯率從 38：1 升為 36：1，並宣布改採機動匯率制度，就是一般所說的浮動匯率 (floating exchange rate) 制度❻。利率也從 1980 年開始由政府決定逐步轉變為由市場決定。

1970 年代也是臺灣所謂「工業升級」或「產業結構轉型」的時期，嚴格說，經濟成長為勞動生產力持續增加的現象，而生產力持續增加就是因為技術水準不斷提升與產業結構不斷轉變，高生產力產業替代低生產力產業，使平均生產力不斷提高，因此「升級」和「轉型」都應是漸進的過程。然而政府的產業政策的確會造成不連續的變化，

---

❻ 康乃爾大學劉大中教授認為政府多年來不肯接受蔣碩傑教授所建議的浮動匯率制度，可能因為「浮動」令人聯想到人心浮動，因此建議改稱「機動匯率」。

唯其成功往往需要市場條件的配合。

　　1970 年代臺灣有兩項重大產業政策：一項是重化工業建設，另外一項是培植科技產業。所謂重化工業建設是當時的行政院長蔣經國先生於 70 年代所推行的十大建設中的三項工業建設，包括大鋼鐵廠（中鋼）、造船廠（中船）和石油化學工業，都屬資本密集的工業。當時流行的理論認為有了下游的勞力密集工業之後，繼續發展中、上游的資本密集工業，下游工業為中、上游工業提供市場，中、上游工業供應下游工業所需的中間產品和原料，上、中、下游工業連結在一起，發揮「產業關聯效果」，可增加經濟的自主性，減少對外依賴；而且上、中、下游任何一個環節需要增加，都可經由「向前連鎖」或「向後連鎖」，帶動所有關連工業的發展，使生產和就業增加。鋼鐵工業的下游是汽車、造船、機械等工業，石化工業的下游是人造纖維、紡織、成衣、塑膠製品、橡膠製品、化肥等工業。

　　不過此一建立在「投入—產出」關係之上的發展理論，有兩個致命性的缺點。一個是未考慮價格問題，如上游的原料或中游的中間產品成本與價格偏高，致下游產品出口困難，所有關連工業都將隨之發生困難。此一理論性的問題，曾於 70 年代中期政府內部討論中提出，未獲重視，1979 年第二次能源危機爆發，政府檢討政策，舊議重提，於 1981 年 10 月採取各階段石化產品按國際市場訂價的政策，引起

中游工業調整，臺灣的石化工業始得正常發展。另外一個缺點是臺灣並不出產煤、鐵、原油，一旦供應短缺，中、下游工業都將難以為繼。因此，上、中、下游產品都在國內生產，並不能增加自主，也不能減少對外國的依賴，任何產業都必須具備競爭優勢，才能通過市場考驗。

「產業關連效果」猶如《三國演義》裡赤壁之戰中的龐士元獻連環計，曹操鐵索連舟，雖然衝濤激浪，如履平地，然而一旦東南風起，火燒戰船，一切優勢都成為劣勢。

臺灣於 1973 年推出「十大建設」包括上述三項重大工業建設後，1974 年經濟部長孫運璿先生接受留美學人潘文淵博士的意見，決定以研製積體（積層）電路 (Integrate Circuit, IC) 為中心發展電子工業，由工業技術研究院成立電子工業發展中心負責其事。工研院選定與美國無線電公司 (RCA) 合作，於 1976 年派遣四十餘位青年工程師赴 RCA 受訓，在院部興建積體電路示範工廠從事開發。1979 年研發成功，移轉技術與人力，成立聯華電子公司；電子工業發展中心也升格為電子工業研究所，除繼續提升積體電路的研製能力外，並負責電腦技術的開發。電子所後又分出電腦與通信研究所與光電研究所，成為臺灣科技產業發展與人才供應的搖籃。1987 年衍生台灣積體電路公司，1994 年衍生世界先進公司。光電業與無線通信也漸在臺灣興起。臺灣在 1990 年代，資訊、光電與通信產業不斷成長、

茁壯，並且經由投資在大陸開枝散葉，漸成世界科技產業的重鎮，2005 年 5 月 16 日亞洲版《商業周刊》(*Business Week*) 以〈何以臺灣關係重大〉(Why Taiwan Matters) 為封面主題，副標題是〈全球經濟無它沒法運作。這就是與中國維持和平所以如此重要的原因〉。這篇報導開頭就說：「想要找到全球經濟的隱藏中心？開車走一趟臺灣的中山高速公路。由此可以到達那些將美國廣大市場與數位化研發中心和中國的巨大製造中心加以連結的公司。」這篇報導並列舉了臺灣的七項科技產品其市占率排名世界第一，三項產品排名第二。

　　臺灣在倡議研製積體電路之初，並未預期資訊電子未來會成為主流產業，帶領整個經濟的發展，若干科技界的領袖甚至根本即抱持悲觀的看法。然而後來各種配合因素日趨成熟，創備了所需的市場條件，才使臺灣科技產業國際競爭的實力不斷提升。這些因素除了工研院的不斷壯大外，如新竹科學工業園區，定期舉行的全國科技會議與隨後訂頒的科技發展方案，更重要的是高級人力的培育和延攬。從 1981 年到 1998 年，臺灣高等教育學府畢業的人數，學士增加 1.7 倍，碩士增加 6.3 倍，博士增加 19 倍。1980 年至 1995 年自國外返國的留學生包括已在國外工作多年的早期留學生，共有 45,118 人，其中 37,061 人有碩士學位，

7,256 人有博士學位，其他 801 人❼。

四、全面自由化的理念與實踐

1978 年孫運璿先生就任行政院長之初，鑑於香港將於 1997 年中英租約屆滿後回歸中國，希望在臺灣擇地發展為一自由貿易區，擴大加工出口區的功能，吸引香港地區的人才，特別是金融與服務業方面的人才，以在某種程度上取代香港在國際經濟中的地位。此一構想經行政院交給經濟建設委員會研究，由於難覓適當地區，且不易與區外作妥適的隔離，致未提出可行的方案。

1981 年 12 月行政院通過經建會所提出的 1982–1985 年「臺灣經濟建設四年計畫」，雖仍宣示「計畫性自由經濟」之體制，但卻提出健全法治，減少干預，促進價格與市場機制之發展策略。

1984 年 5 月中央銀行總裁兼經建會主任委員俞國華先生出任行政院長，宣布自由化、國際化、制度化的主張，9 月在對立法院的施政報告中正式提出，從此成為臺灣經濟政策的三項基本原則，為全國朝野所接受，迄今未聞有不同的意見。這是意見分歧爭論不休的臺灣社會，難得一

---

❼ 孫震，《臺灣經濟自由化的歷程》，臺北，三民書局，2003 年，頁 152–153；孫震，〈科技、知識與產業〉，《臺灣發展知識經濟之路》，臺北，三民書局，2001 年，篇 2。

見的共識。自由化的意義已見前述，國際化是指增進國際接觸，加強國際交流，使臺灣通過商品與人員的交流，更密切的與國際社會相結合。制度化是指改善相關的法令和制度，使自由化和國際化得以在有效的遊戲規則下順利運行。在俞國華提出自由化、國際化、制度化政策後 18 年，世界銀行於 2002 年以《建立制度以利市場運行》(*Building Institutions for Markets*) 為主題發表其年度報告，指出貧國因欠缺健全的制度，以致縱有好的政策，亦難發揮作用。俞國華的主張實具有高遠的前瞻性，不過他當時所說的制度僅指政府部門的法規制度，而世界銀行近年所強調的制度則指更具廣泛意義的社會制度或社會資本 (social capital)❽。

　　然而政府雖然已宣示自由化的政策，各種相關的機制大致也已具備，但對自由化的實施則遲疑不決。1979 年第二次能源危機發生，導致經濟衰退，貿易差額惡化，政府將新臺幣對美元貶值，然而一直到 1985 年底，經濟早已復甦，貿易差額也由逆差轉為順差，其占 GNP 的比率不斷擴大，1985 年達 14%，1986 年竟達 20%，但新臺幣對美元的匯率至 1985 年底仍少變動，大致接近40 : 1。

　　貿易順差使政府的外匯資產增加，外匯增加引起對新

---

❽　孫震，《理當如此──企業永續經營之道》，臺北，天下遠見出版公司，2004 年，頁 209–212。

臺幣升值的預期，導致資金流入，使外匯增加更速。1986 年底政府所擁有的外匯資產達 463 億美元，1987 年底增為 767 億美元，相當於當時二十三個月進口所需的外匯，約為國內資本形成毛額的 4.1 倍。

　　外匯資產大幅增加使貨幣供給隨之增加，從 1985 年底到 1988 年底，增加達 158.9%。在一般情形下應會引發物價膨脹，然而貿易自由化的結果，使國內物價受到國際物價的約束，甚少變動，貨幣供給劇增的影響，主要反映在股票市場和房地產市場，引起嚴重的「資產膨脹」，形成泡沫經濟。股價指數從 1985 年平均只有 745 點，至 1990 年 2 月初飆漲到 12,682 點。房地產價格上漲，臺北市大約在 3–4 倍。雖然新臺幣對美元的匯率於 1986 年後大幅升值，1987 年底至 28.55：1，1989 年底至 26.16：1，「太晚又太猛」，造成企業界適應的困難，但已無法阻擋形成中的資產膨脹。

　　檢討政府遲遲不調整新臺幣匯率引起 1980 年代後期資產膨脹的經濟後果，前財政部長邱正雄先生認為，此一時期資本市場的繁榮，有利於科技公司取得資金，對科技產業的發展有很大的幫助。邱正雄先生的觀察應是十分正確。不過在資產膨脹過程中，房屋大量興建，造成百萬戶以上的空屋，形成嚴重資源浪費。資產膨脹形成的泡沫破滅後，無數廠商因資產縮水陷入財務困境，凡是旗下有建

築公司的財團，幾乎無一不遭受拖累，背負重大財務負擔，致使因應風險與衰退的能力降低。因此 1990 年代以來，企業經營困難時有發生，政府往往指示金融機構予以融資協助，致將廠商的負債轉變為銀行的不良債權。有句笑話說：「如果你欠銀行一百萬元，你就麻煩大了；如果你欠銀行十億元，銀行就麻煩大了 (If you owe a bank one million, you are in trouble; if you owe a bank one billion, the bank is in trouble)!」何況若干企業集團的銀行負債何止十億！銀行不勝負擔，最後只好由政府犧牲稅收，並以政府預算，幫助銀行打消壞帳，而政府的支出就是全民的負擔。外匯增加太快是災害，不是福利；過多的外匯是負擔，無益於國計民生。

假定政府於宣布自由化政策後認真實施，容許新臺幣順應貿易情勢自然升值，則預期升值不會出現，國際資金不會大量流入，貨幣供給不會大量增加，資產膨脹不會發生，產業界可以從容調整以適應匯率變動，讓人民可以安享經濟成長與升值所引起的經濟福利增加，政府也可以垂拱而治，不必手忙腳亂。

五、兩岸經貿關係的開放與限制

1980 年代後期新臺幣大幅升值，使若干勞力密集的傳統產業對外競爭力降低，於是隨著資金移動的自由化轉向

國外投資。貿易順差表示一國的儲蓄大於國內投資，順差
國將過多的資金投資到國外，在積極方面可賺取更多的利
潤，並增加在國際經濟與政治活動中的影響力，在消極方
面可避免招致外國的貿易報復，和引起物價膨脹。臺灣的
對外投資早期以**東協 (ASEAN)** 的原始會員國泰國、馬來
西亞、印尼與菲律賓為主，隨著中國大陸的開放漸向大陸
移轉，近年則主要集中於大陸。

臺灣對大陸的投資大致可分為三階段。第一階段以勞
力密集的產業為主，第二階段以技術漸趨成熟和標準化的
科技產業為主，第三階段主要將為企業家盱衡兩岸情勢，
衡量比較優勢，在兩岸間作理性的選擇；當然愈到後一階
段受政府政策的限制愈多。

儘管大陸已是世界經濟大國主要的投資對象國，臺灣
由於同為一個中國的語言文化以及兩岸特有的經貿關係與
臺灣經驗，對大陸的發展（不以經濟發展為限），有不同於
一般的重要意義。實際上早在大陸於 1978 年改革開放之
前，臺灣和香港在市場經濟之下的快速發展與人民生活改
善，應即對當時尚在封閉期間的大陸有一定的啟示。

大陸自 1978 年改革開放以來，經濟成長快速，在戰後
世界各國的經濟發展中，只有臺灣和南韓可以相比。2003
年大陸的經濟規模，按人民幣對美元的匯率計算，排名世
界第六，按**購買力平價 (PPP)** 計算則排名世界第二，出口

和進口均排名世界第三。過去兩年 GDP 成長率都在 9% 以上，2004 年且有大幅上修，世界排名應已提高❾。由於經濟規模擴大、成長快，已超過美國成為世界經濟成長最重要的動力；在貿易方面，對美國和歐洲出超，以低廉之商品助其維持穩定的物價，對東亞發展中國家入超，促進其經濟成長。

　　一國從其他國家的繁榮中得到利益，不會從其貧窮中得到利益。國際貨幣基金前副總裁費希 (Stanley Fischer) 說：「我尚未看過很多例子，居於快速成長的經濟之旁，不利於本國之經濟發展❿。」臺灣如順應市場情勢，排除投資與貿易的障礙，發展對大陸的投資與貿易關係，最能從大陸的快速發展中得到利益；而大陸亦可經由臺灣拓展貿易關係，獲致源源不絕的技術進步。但臺灣如果自我設限，為兩岸經貿增加成本與不便，將使欲以臺灣為基地拓展包括大陸在內東亞事業的投資卻步，亦將使大陸臺商迫而形成自給自足體系，或另作布局，而終於捨棄在臺灣的母體。臺灣的企業家施振榮先生在一次研討會說：「五年內，臺灣還有機會成為各國拓展亞洲市場的創業基地，如果三通未

❾　根據 2006 年 1 月 14–20 日 *Economist* 的報導，去年官方修正 2004 年之 GDP 為 1.9 兆美元，即人民幣 16 兆，較前調高 17%，其中 93% 為服務業產值之調高。

❿　*Far Eastern Economic Review*, February 22, 2002.

作，恐怕機會將永遠失去❶。」施振榮擔心之事在臺灣已經發生。唯對臺灣不利之發展，亦非中國之福。

大陸經濟本身有很多問題，由於其與其他國家之關係日愈密切，故亦成為世界各國關注的問題。

㈠大陸的外匯準備目前已達 8 千 5 百餘億美元，每年接受的**外國直接投資** (FDI) 近年約在 5 百億美元左右，然而實際上為一資本輸出國家。一國只有對外貿易為逆差時，自國外輸入之資源大於輸出之資源，始得利用外國之資源。目前世界上享受外國資源最多的國家是最富有的美國。貿易順差國以其輸出超過輸入之資源供美國消費與投資，再以順差所賺獲之外匯予以融通，而不能不憂心世界美元過多，未來可能貶值，以致造成損失。諾貝爾經濟學獎得主傅利曼 (Milton Friedman) 教授有一次批評臺灣說：「以貧窮的臺灣補貼富有的美國，沒有道理。」過多的外匯準備反映長年以偏低的幣值補貼出口所犧牲的經濟福利❷。

㈡金融系統未能有效分配資金，不生產與低生產力部門獲得相對較多的資金，高生產力部門反而獲得相對較少的資金，甚至得不到資金，不僅造成過高之不良債權，亦不利於資源之有效利用。

---

❶　〈財經焦點〉，《中國時報》，2003 年 1 月 16 日，第 22 版。

❷　孫震，《臺灣經濟自由化的歷程》，臺北，三民書局，2003 年，頁 163。

㈢以 GDP 45% 左右之投資，產生接近 10% 之成長率，邊際資本產出率偏高，部分可能由於社會固定設施 (infrastructure) 投資高，尚未反映於當前產出；但經濟發展權力下放，地方政府各自「招商引資」，不遺餘力，導致過度投資與重複投資，終必拖累經濟之長期成長。

㈣經濟發展重視成長多，重視就業少，隱藏性失業長期存在，所得差距隨經濟成長擴大，終為社會隱憂。

六、餘　論

近年大陸努力改善與鄰國關係，促進東亞經濟整合，有顯著的成績。去年 12 月 12–14 日，東協十國與中國、南韓、日本（東協加三）、印度、澳洲、紐西蘭（東協加六）齊集吉隆坡，俄羅斯並以地主國貴賓之身分參加，未來東亞各國，經由自由貿易協定邁向區域經濟共同體 (economic community)，與歐盟、北美鼎足而三，為期不遠。兩岸應如何互相對待？孟子早就告訴我們：「唯仁者為能以大事小……唯智者為能以小事大。」（《孟子·梁惠王》）

目前世界正經由自由化走向全球化，區域化為進而攻、退而守的中間地位。全球化使個體（包括個人與企業）與國家的關係，回到二千多年前我國春秋戰國時代，才俊之士遊走各國追求自己的成就。齊國的孫武仕於吳；衛國的吳起仕於魯國、魏國和楚國；越國的范蠡經商於齊為鴟夷

子皮，至陶，稱朱公。全球化時代各國政府努力創造良好
的經營與居住環境以吸引人才與投資，而非造成險惡的環
境，再以愛「這塊土地」相號召，迫使人民選邊。

以下兩段話引自戰國時期的《孟子》，作為本文之結束：

㈠「域民不以封疆之界，固國不以山谿之險，威天下
不以兵革之利。得道者多助，失道者寡助。寡助之至，親
戚畔之；多助之至，天下順之。以天下之所順，攻親戚之
所畔，故君子有不戰，戰必勝矣！」（《孟子‧公孫丑》）

㈡「今王發政施仁，使天下之仕者皆欲立於王之朝，
耕者皆欲耕於王之野，商賈皆欲藏於王之市，行旅皆欲出
於王之途，天下之欲疾其君者，皆欲赴愬於王。其若是，
孰能禦之！」（《孟子‧梁惠王》）

古人的智慧，兩岸政治領袖應善加體會。

經濟自由化、產業科技化
——蔣經國時代臺灣經濟的成長與轉變

2003 年 8 月 9 日，臺北，「蔣經國先生主政時代的財經政策與經濟發展研討會」論文。

一、前　言

　　蔣經國先生於民國 61 年 5 月 29 日出任行政院長，67 年 3 月 21 日當選總統，77 年 1 月 13 日去世。他在擔任行政院長時期，固然親自率領內閣的財經團隊，博採周諮，積極推動臺灣的經濟發展；即使在就任總統以後，也經常召集「財經會談」，聽取行政院經濟建設委員會對經濟情勢的報告，舉行「財經首長座談」，掌握財經狀況，指示處理原則，直到民國 73 年 4 月體力漸衰為止。他對經濟建設十分重視，認為健全的經濟發展為對抗中共政權最有力的武器，並可引導大陸未來發展的方向。

　　在蔣經國先生當政的將近十六年間，臺灣雖然經歷兩次世界能源危機與中美斷交的衝擊，然而經濟建設積極進取，成長快速，經濟制度從干預轉向自由，產業發展從資本密集轉向科技密集，奠定了臺灣邁向已開發經濟體的基礎。從民國 61 年到 76 年，臺灣平均每人實質國民生產毛額 (per capital real GNP) 的平均年成長率達 7.2%，以美元計算的平均每人 GNP，民國 61 年只有 522 元，76 年達 5,298 元，增加為原來的 10 倍。

　　臺灣經濟發展的成就在民國六零年代日益受到世界經濟學者的重視。六零年代後期，臺灣和香港、新加坡、南韓被稱為經濟發展的東亞「四小虎」或「四小龍」，成為自

第二次世界大戰結束以來，亞洲繼日本之後，經濟發展表現最優異的國家。臺灣所採取「對外導向」與「順應市場」的發展策略，為經濟學者所津津樂道，也成為整個世界經濟發展的趨勢。

以下將蔣經國先生時期臺灣經濟發展的重要策略，綜合為經濟自由化與產業科技化兩個項目，分別加以討論。不過在進入這兩個主題之前，先簡單概述經濟成長的來源和蔣經國先生經濟幕僚組織的演變。

經濟成長是平均每人**國內生產毛額** (GDP) 或產值 (output) 長期持續增加的現象。平均每人產值的增加包含工作人口占總人口比例的增加與平均勞動生產力增加兩個因素。由於在長期中，工作人口占總人口的比例大致不變，或變動不大，可假定其不變，因此經濟成長基本上是由於勞動生產力的不斷提高。

技術進步與平均每一勞動者所使用的資本增加使勞動生產力提高。然而如技術不變，則每一人工所使用的資本增加，其邊際資本報酬會遞減，最後降低為零，於是資本不再增加，因此技術進步才是經濟成長的最後來源。以科學知識為基礎的技術進步，在特定的誘因制度下，取得連續不斷的性質，使生產力提高、所得增加、生活改善，跨越所謂馬爾薩斯的人口陷阱 (Malthusian population trap)，才有顧志耐 (Simon Kuznets) 所謂的現代經濟成長。

　　這種特定的誘因制度就是建立在市場機制之上的資本主義。過去很多人以為馬克斯思想所產生的共產主義，為經濟發展提供了另一替代的制度。然而 1990 年蘇聯及其東歐附庸經濟體制崩潰，以及更早中國大陸改革開放向市場經濟傾斜，顯示共產制度並不具備必要的誘因和機制，有效利用資源，使經濟自發性持續成長。倒是東亞「四小龍」的崛起，引起若干學者思考中國儒家思想與現代經濟成長的關係。美國的未來學者康恩 (Herman Kahn) 說：「經濟發展並非只有西方才能產生，實際上亞洲的新儒文化 (neo-Confucian cultures) 較諸傳統的西方文化對經濟發展更為有利，可惜甚少學者兼具兩方面的知識，作深入的探討❶。」

二、從財經小組到經建會❷

　　臺灣的經濟事務雖然一向是經濟部的職責，然而由於經濟發展涉及更廣泛的因素，包括貨幣、金融、財政、政

---

❶　Herman Kahn, *World Economic Development, 1979 and Beyond*, Boulder: Westview, 1979, p. 64.

❷　孫震，〈從財經小組到經建會——俞國華先生對臺灣經濟成長與穩定的貢獻〉，丘秀芷主編，《政治家的風範——俞國華八秩嵩壽文集》，臺北，俞國華文教基金會，1994 年，頁 139–146。

府預算、交通建設，甚至人口、人力與教育等，因此往往另有機構負責發展計畫的規劃、經濟政策的設計以及相關部會意見的協調與整合。這個機構在民國四零年代後期和五零年代初期是行政院美援運用委員會，簡稱「美援會」，民國 53 年政府預期美援即將結束，將美援會改組為行政院國際經濟合作暨發展委員會，簡稱「經合會」。美援會和經合會都是由行政院長兼主任委員，蔣經國先生任行政院副院長時，改由副院長兼主任委員，主持委員會議，另有專任的副主任委員負責日常業務，委員則為相關部會的首長。

　　這樣一個組織，由於主持人的地位和權威，以及任務性質之廣泛，不免涉及相關部會的法定職掌，引起若干潛在的衝突與不快。蔣經國先生組閣後第二年，將經合會改組為「經濟設計委員會」，由原經合會的副主任委員張繼正先生任主任委員，不列席行政院院會，委員改由相關部會副首長擔任，任務簡化成為行政院在經濟方面的純幕僚機構，負責國家經濟的研究與計畫。郭婉容教授和我由政府向臺灣大學借調任經設會的副主任委員。

　　民國 62 年這一年，國內外經濟發生重大變化。就國內經濟而言，由於新臺幣對外幣值偏低，貿易連年出超，外匯準備迅速累積，貨幣供給大幅增加，而失業率降至 1.3%，經濟已達充分就業，形成物價膨脹的壓力。就國外情形而言，世界經濟擴張，物價上漲，這年 10 月又爆發能源危機，

原油價格劇漲，國外的物價上漲隨貿易輸入臺灣。不僅眼前的物價膨脹日趨惡化，接踵而來的經濟衰退也勢將難以避免。在這樣困難的情形下，由於經合會改組後缺少了協調、統合的機制，蔣院長必須親自聽取各方面的意見，作最後決定，工作忙碌，負擔沉重。

蔣經國先生就任之初，委託杭立武先生在他主持的政治大學國際關係研究中心，成立了兩個小組，一個是外交研究小組，一個是經濟研究小組，分別研究當時各自領域內的重要議題，向蔣經國先生提出建議。經濟研究小組的成員有王作榮先生、郭婉容女士、梁國樹先生和我，後來又加入陳昭南先生；劉大中先生和蔣碩傑先生如在國內也來參加開會。我相信經濟小組的人選是王作榮先生向杭立武先生的建議。王作榮先生也代表本小組參加外交小組的會議；而外交小組則由周書楷先生代表，參加經濟小組的討論。

民國 63 年，經濟研究小組建議，由中央銀行總裁俞國華先生、經濟部長孫運璿先生、財政部長李國鼎先生、主計長周宏濤先生和行政院秘書長費驊先生組成一個五人財經小組，以俞國華先生為召集人，協助行政院長作重大財經決策前的檢討、協調與統合工作。這個建議為蔣經國先生接受，財經小組以經設會為幕僚單位，每星期定期聚會一次，成立以來，運作良好，直到經設會改組為經濟建設

委員會。

民國 66 年夏天，行政院派周宏濤先生組團到南韓參訪，我也在團員之中。我們在南韓考察二十餘天，回國後提出不少建議，其中一個重要的建議是改組經設會，提升其層級，恢復其前身所具有的協調與統合的功能，使其更能作好行政院長經濟幕僚的工作。66 年 12 月，政府改組經設會為經濟建設委員會，合併財經小組與經設會，而以財經小組成員為核心組成經建會的委員會，由原財經小組召集人俞國華先生以中央銀行總裁的身分兼主任委員。

經建會成立後，除繼續負責國家的經濟研究與經濟計畫外，重大財經政策大致都先在經建會委員會討論，獲致結論再提行政院作最後決定，5 億新臺幣以上的重大政府建設都先由經建會幕僚作專業審核，再提委員會討論通過。俞總裁兼任經建會主委六年半，謹守經建會為行政院財經幕僚機關的分際，而經建會委員會作成之決議，除非常少數因政治考慮退回經建會重議外，皆為行政院接受，臺灣也在這段時期完成了經濟自由化的準備，走向科技產業的方向。

三、經濟自由化

自由化表示選擇範圍或幅度的擴大，經濟自由化是指走向以市場導向與價格機制取代政府管制與干預的經濟體

制。

　　臺灣於民國 47–49 年實施外匯與貿易改革，將多元匯率簡化為單一匯率，邁出經濟自由化的第一步，使貿易大幅擴張，經濟快速成長。此一政策的成功，至今為國內外研究經濟發展的學者所津津樂道❸。然而直到蔣經國先生於 61 年 5 月出任行政院長，在進口方面仍有管制與高保護關稅，在出口方面也有融資的便利與利息的優惠，形成出口協助、進口限制的情勢，因此李國鼎先生稱之為「局部性自由化」(partial liberalization)❹。

　　蔣經國先生年輕時到蘇聯，在那裡念書、結婚，並做過基層勞動工作。可能受到共產主義經濟思想的影響，他認同政府管制，對經濟上的弱者有很多同情。政府自大陸撤退前夕，他在上海取締囤積，平抑物價，挑戰豪富，有「打虎」英雄的名聲。

　　民國 61 年 5 月他出任行政院長時，臺灣經濟基本的情

❸　Li-Min Hsueh, Chen-Kuo Hsu, and Dwight H. Perkins, *Industrialization and the State: The Role of the Taiwan Government in the Economy, 1945–1998*, Cambridge: Havard University Press, 2001, pp. 17–24.

❹　K. T. Li, *The Evolution of Policy Behind Taiwan's Development Success*, New Haven: Yale University Press, 1988.

勢是：

㈠在「局部自由化」的政策下，臺灣的貿易差額不斷改善，從逆差減少，到民國 59 年達到平衡，然後轉為順差，且順差呈擴大之勢，民國 61 年達 GDP 的 6.3%。

㈡民國 60 年 12 月美元對黃金貶值 7.89%，其他主要工業國家的貨幣大都對美元升值，使美元相對於其他主要貨幣貶值約 12%，新臺幣對美元的匯率則維持不變，使按外匯計算的臺灣物價較國外物價下降。

㈢民國 61 年國際物價上漲。在這些因素影響下，新臺幣如不適時適度升值，臺灣的物價膨脹勢難避免。62 年 2月美元再貶值 10%，政府隨之將新臺幣對美元的匯率從維持了十二年之久的 40：1 調升為 38：1，升值的幅度約為 5%，用傅利曼 (Milton Friedman) 教授的話說，可謂「太遲又太少」。

民國 62 年 3 月 30 日，蔣院長決定六項緊縮信用措施，由中央銀行於翌日宣布，以緩和物價上漲的趨勢。7 月 31日，配合年度預算的實施，採取 11 項穩定物價措施，包括公用事業本年內不漲價；平價供應小麥與黃豆，由政府補貼進口差價，以維持麵粉與黃豆粉國內售價穩定；禁止建築材料使用於娛樂用及超過四層之建築物，以抑止建築材料漲價，以及重要民生必需品限價等。然而所有這些措施都無法抑制物價的漲風。

　　這年末季，世界發生能源危機，石油價格劇漲，更加速臺灣的物價膨脹。傅利曼教授曾經說：「經濟學家們可能所知不多，但我們對一件事則確知無疑，那就是如何製造不足與過剩。」政府如將價格限制於市價之下，商品即呈不足；如將價格限制於市價之上，商品即呈過剩❺。年底，日用品出現搶購，銀行存款流失。

　　民國 63 年 1 月 26 日，政府宣布「穩定當前經濟措施方案」，取消所有限價，大幅提高油、電價格與銀行利率。這時臺灣的一般物價上漲已高，在 38：1 的新臺幣對美元匯率下，實際上已高於國外的物價水準，油、電價格調高後，預期上漲的心理因素消失，國內物價於「一次漲足」後趨於穩定，經濟亦隨世界經濟陷於衰退。於是，以往需要緊縮的信用現在需要放寬，以往需要升值的貨幣現在需要貶值，以往需要提高的利率現在需要降低，然而政府的反應則審慎、緩慢。這種態度正面的效果是使物價續呈穩定，甚至下降，直到恢復對外競爭的能力，負面的效果則是使衰退延長，失業率增加。

　　民國六零年代，臺灣經歷兩次世界能源危機，經濟隨之由盛而衰，衰而復盛，盛而又衰，物價也隨經濟之盛衰而波動。回顧民國六零年代的臺灣經濟，我們如果容許新

---

❺　Milton Friedman, *Dollars and Deficits*, Prentice-Hall, 1968, p. 218.

臺幣匯率和利率有較大的彈性,在民國 62 年以前新臺幣有較多次數與較大幅度的升值, 利率也有較多次數和較大幅度的提高,在 62 年以後將新臺幣略作貶值,信用早日放寬,利率早日下降, 我相信 62 年之物價膨脹和 63 年的經濟衰退都不會如此嚴重。

匯率和利率都是價格。匯率是一種貨幣用另外一種貨幣表示的價格,利率是使用資金的價格。價格決定於供需。政府如果不容許匯率和利率反映它們市場的供需, 而用人為的手段去干涉, 往往需付出很大的代價而不一定得到所希望的成功。

在這一段時期蔣經國先生對經濟理論的說法看來並不是很有信心。他總覺得還有一些經濟以外的重要因素需要考慮,而且臺灣政治上處境困難, 海峽對岸還有中共的威脅,必須特別小心。在第一次能源危機爆發、臺灣經濟由物價膨脹轉入經濟衰退前,他怕新臺幣升值對出口不利,利率上升增加企業界的負擔; 經濟衰退後, 又怕新臺幣貶值和利率下降使好不容易才平息的物價膨脹死灰復燃。然而可貴的是他不受早期經驗和先入觀念的限制, 總是保持開放的態度, 表示匯率和利率並非不能調整, 但目前尚非適當時機, 或要求繼續研究。對於中央研究院院士劉大中先生和蔣碩傑先生所建議的浮動匯率或機動匯率制度, 他也在民國 62 年 7 月 3 日與財經首長會談時, 指示「希望再

深一層研究其可行性」。

四、機動匯率

民國 65 年,臺灣經濟已從第一次能源危機後的衰退中復甦,對外貿易也從 63–64 年的逆差轉為順差,66 年順差擴大為占 GDP 的 5.0%,67 年進一步擴大為 6.7%。67 年 7 月,政府宣布將新臺幣對美元升值為36:1,並將固定匯率制度改為機動匯率制度。

不過根據當時的「外匯清算辦法」,一切外匯由中央銀行集中收付,新宣布的機動匯率制度尚無實施的法律條件。民國 68 年 2 月,中央銀行指定五家主要銀行代表與央行代表組成「外匯交易中心」,每日議訂匯率。68 年底,廢除「外匯清算辦法」,容許民間將其所得外匯存入指定銀行保有或支用,指定銀行辦理外匯買賣後,不再經由中央銀行清算。民國 69 年 3 月,央行不再派代表參加匯率議訂,唯對每日匯率之變動仍有若干限制,嗣後限制逐步放寬,直到民國 78 年 4 月才取消所有限制,讓外匯供需在市場上自由決定匯率,央行僅以參與者的地位,通過其對外匯的買賣,影響匯率。

在這一段時期,進口的限制已漸取消,進口關稅的稅率亦漸降低,民國 47–49 年邁出第一步的外匯貿易自由化至此大致完成。

五、利率自由化

利率自由化也和匯率自由化一樣，需要先作若干制度性的安排。在民國六零年代末期利率走向自由化之前，銀行利率由政府決定，利率變動涉及重大利益，不但變動的時機不易拿捏，變動的幅度也乏客觀的標準。民國 65 年、66 年和 67 年，政府分別成立中興、國際與中華三家票券公司，從事國庫券、商業本票、承兌匯票與可轉讓定期存單之交易，以建立短期資金市場，而以此短期資金市場之利率作為銀行調整利率之指標。

民國 69 年 11 月，中央銀行公布「銀行利率調整要點」，規定銀行公會得視資金供需之變動，建議央行調整最高存款利率，並授權銀行公會訂定銀行放款利率之幅度，報央行核定施行，放款上下限之幅度應擴大，以增加銀行作業之彈性，唯最低放款利率仍不得低於最高存款利率。此一「要點」實施後，各種放款利率之上下限擴大，各銀行並分別訂定各種放款之差別利率結構。從民國 69 年 11 月到71 年 9 月，中央銀行根據建議，十度調整最高存款利率。民國 74 年 3 月，央行要求各銀行在央行所核定之貸款上下限範圍內，自行訂定基本放款利率 (prime rate)，作為日後央行減少干預之準備。74 年 11 月，廢止「利率管理條例」，取消最高存款利率不得高於最低放款利率之規定。民國 75

年 1 月，簡化存款種類，容許銀行在規定之最高存款利率
範圍內自訂實際存款利率。民國 78 年 7 月，修正「銀行法」
部分條文，不再訂定放款利率上下限，存放款利率由銀行
自行訂定。利率自由化之機制至此臻於完成。

　　民國 73 年 5 月，中央銀行總裁兼經建會主委俞國華先
生出任行政院長，宣布「自由化、國際化、制度化」為他
經濟政策的基本原則。他並於第二年成立臨時性的經濟革
新委員會，以六個月的時間研究與討論，提出七大冊報告
書，將自由化、國際化、制度化落實到具體可行的層次。
雖然經濟自由化的主要項目如貿易、外匯和金融，從民國
六零年代就在陸續進行，然而「經濟自由化」政策的提出，
將所有個別的努力綜合在一個明確的原則之下，而這個原
則正是世界經濟的主流❻。

六、科技產業的播種與成長

　　蔣經國先生在其行政院長任內的重要貢獻之一是「十
項建設」。十項建設包括三項工業建設、六項交通建設和核
電工程，這十項建設由於規模大、耗資多，被稱作十大建
設。不過蔣院長覺得「十大」太誇張，不願採用；他曾經
說過西門町一家只有一間門面的西瓜店，也自稱西瓜「大」

---

❻　孫震，《臺灣經濟自由化的歷程》，臺北，三民書局，2003 年，
　　章 5。

王。當時有人認為十項建設需要的資金太多，不是我們國家所能負擔。蔣經國先生答道：「今天不做，明天會後悔」。十項建設範圍廣泛，我在這裡只想稍微說一下三項工業建設。

十項建設中的三項工業建設是一貫作業鋼鐵廠（中鋼）、造船廠（中船）和石油化學工業，屬於資本密集的「重化工業」。當時流行的理論認為發展了下游的勞力密集工業之後，繼續發展上、中游的資本密集工業，下游工業為上、中游工業提供市場，上、中游工業供應下游工業所需的原料和中間產品，上、中、下游一以貫之，產生「產業關聯效果」，可增加經濟的自主性，減少對外依賴，因此稱為「健全產業結構」。鋼鐵的下游為汽車、造船、機械等，石化的下游為人造纖維、紡織、成衣、塑膠製品、橡膠製品、化肥等。

不過這一建立在「投入─產出」關係之上的理論，有兩個重要的缺失。一個缺失是完全沒考慮價格的因素，如上游的原料或中游的中間產品價格偏高，致下游產品出口困難，所有關聯產業都將隨之發生困難。另外一個缺失是臺灣並不出產煤、鐵、原油，一旦供應短缺，中、下游產業都將難以為續。因此，上、中、下游都在國內生產，並不能增加經濟的自主性，也不能減少對外國的依賴，在自由經濟中，任何產業都必須具備競爭優勢，通過市場考驗。

　　蔣經國先生於民國 62 年 10 月宣布十項建設後，復指示行政院秘書長費驊研究後續應發展之產業。費秘書長邀美國 RCA 研發部主任潘文淵先生返國，與經濟部孫運璿部長、工業技術研究院王兆振院長、交通部高玉樹部長、電信總局方賢齊次長等會面，潘先生建議從製造**積體電路**(IC) 著手，發展電子工業。

　　民國 63 年 7 月，潘文淵先生自美返國，以十日時間閉門撰寫「積體電路計畫草案」。7 月 26 日上午 11 時草案送達經濟部孫運璿部長。孫運璿部長於下午 2 時召開專案會議，出席人員有學者、企業代表、經濟與交通二部官員約 40 人。下午 5 時會議結束，孫運璿部長作以下結論：⑴請潘文淵先生儘快在美成立電子技術顧問委員會，協助國內發展電子工業；⑵國內事宜由方賢齊先生負責接洽；⑶由工研院負責計畫執行；⑷經費 1,000 萬美金由孫運璿部長籌措。9 月 1 日工研院成立電子工業發展中心。10 月 26 日孫運璿部長在美國潘府邀宴海外學人夫婦，組成**電子技術顧問委員會** (Technical Advisory Committee, TAC)，由潘文淵先生擔任召集人。潘文淵先生並自 RCA 提前退休，他的夫人亦配合辭去紐澤西州之永任教職。TAC 之委員義務協助工研院技術發展工作至今 ❼。

---

❼　蘇立瑩，《也有風雨也有情，電子所二十年的軌跡》，工業技術研究院電子工業研究所，1994 年。

　　我細數這段歷史是因為感念當年國家公務人員的能力、魄力與效率，以及海外學人的報國情懷。很多年輕工程師從國內、從國外返國參加這項積體電路發展計畫，建立了臺灣資訊工業的基礎，使臺灣的工業發展從資本密集轉向技術密集的方向。

　　民國64年12月，工研院經過廣泛邀請，從七家美國著名半導體公司中，選定與RCA技術合作，合作的內容包括電路設計、光罩製作、晶圓製作、包裝、測試、應用與生產管理。民國65年3月5日與RCA簽訂「積體電路技術授權合約」。4月26日開始，分批派遣青年工程師赴RCA接受實務訓練，先後共40餘人，7月，工研院積體電路示範工廠破土興建，民國66年10月落成。孫運璿部長在落成典禮上說：「此示範工廠之完成，象徵臺灣電子工業擺脫以往裝配型態，邁向技術密集型態。」

　　民國68年4月，工研院電子工業發展中心升格為**電子工業研究所** (Electronics Research and Service Organization, ERSO)，由開創電子工業發展中心的副主任胡定華先生擔任所長，當年和史欽泰先生、章青駒先生一起返國參加積體電路發展計畫的楊丁元先生負責電腦技術開發，積體電路示範工廠廠長史欽泰先生繼續負責積體電路發展。68年9月電子所移轉技術，籌設聯華電子公司。民國69年5月聯電成立，成為第一家向新竹科學園區登記

的科技產業。民國 75 年電子所完成超大型積體電路 (VLSI) 計畫，於民國 76 年 2 月衍生台灣積體電路公司。民國 83 年完成次微米 (submicro) 計畫，衍生世界先進公司，如今臺灣已是世界積體電路工業大國。工研院電子工業發展中心最初完成的晶圓技術為 3 吋，移轉聯電的技術為 4 吋，VLSI 計畫完成後為 6 吋，次微米計畫完成後為 8 吋，從聯電、到台積電、到世界先進的研發人員主要出身工研院電子所。目前台積電和聯電的技術水平已達 12 吋晶圓、0.13 微米線寬，挑戰 90 奈米，世界尖端水準。所以我常說：「工研院史欽泰院長為臺灣半導體之父，而工研院竹東院區，實為臺灣甚至臺海兩岸半導體產業的麥加❽。」

「一隻燕子不能造成春天。」我在多篇舊作中，談到臺灣科技產業發展的成功，都強調以下三個重要因素：㈠孫運璿部長以經濟部三個研究單位為基礎成立的財團法人工業技術研究院，成為國家級工業技術研發機構，也是科技人才的蓄水庫；㈡國家科學委員會主任委員徐賢修先生倡議成立的新竹科學工業園區，為科技產業提供了良好的研發、生產與生活環境，和行政上的便利與支援；㈢李國鼎先生任政務委員期間主導全國科技會議、科技顧問會議和

---

❽　麥加 (Mecca) 是穆罕默德的出生地，也是回教的聖地。經濟學大師馬夏爾 (Alfred Marshall) 說：「經濟學者的麥加在經濟生物學，而非經濟動力學。」

行政院科技顧問組，擴充高等教育，培育與延攬高級人才，增加研發經費，創備了技術持續進步的基本條件 ❾。

我在這裡只想說一下科技產業發展所需要的高級人力。臺灣在民國五零年代和六零年代是所謂「人才流失」的時期。由於大學研究所階段的教育不發達，缺乏良好深造環境，雖然經濟成長迅速，但從勞力密集工業到資本密集工業的發展技術水準低，高級人力較少發揮的空間，加以中共的潛在威脅，以及六零年代以來退出聯合國、中日斷交、中美斷交、人民缺少安全感，所以大學生畢業後出國深造，往往滯留不歸。半導體產業萌芽成長後，政府選擇資訊工業和機械工業為策略性工業，加強培育及延攬高級人才，擴大重點科技領域，增加研發經費，提升科技水準，以支持產業發展。民國七零年代以來，不但國內高等教育迅速發展，尤其是科技領域研究所階段的教育，而且國外人才大量返國，充裕了科技產業發展所需要的「人力資本」。根據教育部的統計計算，1980–1989 年自國外返國的「留學生」有 14,880 人（其中 2,416 人有博士學位，11,901 人有碩士學位），相當於同一時期自國內所有高等教育學府

---

❾ Sun Chen, *Toward a Knowledge-Based Economy: Taiwan's Experience in Developing Science-and Technology-Based Industries*, Industry of Free China, March, 1999；孫震，《臺灣發展知識經濟之路》，臺北，三民書局，2001 年，章 11。

畢業的博士和碩士總數的 44.4%。

蔣經國先生在行政院開辦國家建設研討會,簡稱「國建會」,孫運璿院長繼續辦理,每年邀請以國外為主的學者專家參加,政府首長在會中報告國家發展情形,聆聽與會者的評論與建言,據以擬定措施,以求改進。蔣經國先生主政時期,政府「不遺在遠」所表現的虛心和誠意,所展現的能力與創造的機會,以及所提供的環境和願景,是海外遊子在飄流了多年之後終於決定返國的重要原因。

七、餘 論

在大的政策方面,蔣經國先生經歷民國 62 年第一次能源危機前後的物價膨脹和經濟衰退,終於帶領臺灣經濟從管制與干預,逐步走向自由化的坦途,但對經濟弱者的關懷,常使他不顧市場經濟的原則。

民國 64 年,他指示將臺北市批售米價從每臺斤 15 元降低為 14 元,但如此臺北市米價將低於產地價格,不僅使糧商不願購運,致市場供米短少,而且農民會要求政府照公告價格收購,增加政府購米與儲存成本。財政部備文詳述理由,請示應否降低米價。但文件未及呈閱,蔣院長以手諭「執行糧鹽政策不力」將王紹堉次長免職 ❿。

---

❿ 李國鼎科技發展基金會,《李國鼎先生九秩誕辰,華封文集》,1999 年,頁 27–31。

當時財政部在通霄鹽場製造精鹽，以小塑膠袋包裝，售價比較傳統食用之粗鹽略予提高，可能未向蔣經國先生請示，所以他手諭中有「執行糧鹽政策不力」的說法。

蔣經國先生有次說，抗戰期間他在江西服務，到朋友家吃飯都要自己用信封帶一點鹽。他說：「米和鹽是生活必需品，是不可以隨便漲價的」。年輕時深刻的生活經驗，使他沒有去想經濟成長、所得提高，米和鹽的支出在一般家庭預算中所占的百分比已經很低，略予調高並不會使消費者增加太大負擔，反而對生產者有鼓勵增產的作用。

我在經設會、經建會服務時期，代表本會兼任行政院公用事業費率委員會的委員。政府水電費率調整都要經過這個委員會討論。每次調高水、電價格，由於蔣經國先生的關切，都要力求穩定最低消費額度的價格，以免對經濟弱勢的民眾發生不利的影響。

由於他對經濟弱者的高度關懷，所以他在施政中特別重視縮短貧富差距和穩定物價；他一直強調「在穩定中求發展」的原則。他在民國 69 年 6 月 10 日的財經會談中說：「要把穩定物價看作不只是經濟部門的工作，而是整個政府應負的責任，共同來克服物價問題」。我只是想說一句：「我們如果不是因為有時候太關心、太急切以致採取直接干預的做法，也許能以更小的代價，維持物價的合理與穩定。」

臺灣發展知識經濟之路

發表於《自由中國之工業月刊》，2001 年 5 月，卷 91，期 5。

一、前　言

知識經濟是當前臺灣流行的話題，政府並提出「知識經濟發展方案」作為臺灣經濟發展的主軸。然而知識經濟不是一個容易準確定義的概念。我們能想到任何經濟生產活動與知識無關嗎？談到知識與經濟發展或經濟成長的關係，我們不能不回顧大約一個世紀之前英國新古典經濟學派大師馬夏爾 (Alfred Marshall) 的學說。馬夏爾說：「不論從那一方面看，我們都發現知識的擴散與進步，總是導致新方法與新機器設備的使用，以提高工作的效率。」馬夏爾並指出，知識不僅引起技術進步，而且誘發新欲望與滿足欲望的方法。他說：「整個人類的歷史顯示，欲望隨財富與知識而增加❶。」本文探討經濟成長的來源、知識經濟的意義、臺灣發展知識經濟的條件和問題，並試提若干建議；希望有助於臺灣知識經濟的發展。

二、經濟成長的來源

衡量一國經濟發展的成就有三個相關的指標，一是總產量，通常用**國民生產毛額** (GNP) 或**國內生產毛額** (GDP)

---

❶　Alfred Marshall, *Principles of Economics* (8th ed.), 1920, pp. 222–223. 本書初版發表於 1890 年，此處引用者為 1956 年倫敦 Macmillan & Co. 版。

表示；二是平均每人產量，簡稱人均產量；三是勞動生產力，簡稱生產力。

設 Q 為總產量，q 為人均產量，p 為生產力；再設 N 為人口總數，L 為勞動人數，R 為勞動人數占人口的比率；

$$則\ Q = \frac{Q}{N} \times N = \frac{Q}{L} \times \frac{L}{N} \times N$$

$$或\ Q = p \times R \times N \qquad (1)$$

$$而\ q = \frac{Q}{N} = p \times R \qquad (2)$$

由此可知，總產量的成長率等於生產力的成長率加上勞動人數占總人口比率的成長率，再加人口成長率；而人均產量的成長率等於生產力成長率加上勞動人數占總人口比率的成長率。如果我們在每一變數之上加一點，表示其成長率，則以上所述可寫成：

$$\dot{Q} = \dot{p} + \dot{R} + \dot{N} \qquad (1a)$$

$$\dot{q} = \dot{p} + \dot{R} \qquad (2a)$$

　　以上 Q、q、p 等概念及其與各種重要變數之間的關係，卑之無甚高論，只能說是經濟發展理論的第一課。然而清楚認識這些簡單的基本關係，有助於正確的推理；經濟發展過程中的一些重要現象也可由此得到解釋。例如：

　　㈠**總產量和人均產量的成長率，在經濟發展的過程中，先升高然後降低**。因為生產力的成長率 ($\dot{p}$) 如不變，經濟發展使人口成長率 ($\dot{N}$) 提高，而人口成長率提高，總是先使幼少年依賴人口增加，因而勞動人數占總人口的比率下降，$\dot{R}$ 成為負值。經過若干年之後，$\dot{R}$ 成為正值並不斷增加；通常此為發展中國家經濟成長最快速的時期。然後人口成長減緩，$\dot{N}$ 下降，人口年齡結構漸趨老化，勞動人口比率之成長亦減緩，由下降而轉為負值，經濟成長率隨之下降。

　　㈡**從人均產量之成長率 ($\dot{q}$) 看，勞動人數比率之成長率 ($\dot{R}$)，在經濟發展的過程中，先為負值，使 $\dot{q} < \dot{p}$；繼成為正值，使 $\dot{q} > \dot{p}$**；且差距日增，成為人均產量或所得增加最快的黃金時期。過此則生之者日寡，食之者日眾，抵消一部分生產力之增加率，而使人均產量成長率 ($\dot{q}$) 下降。當人口的年齡結構不變，因而勞動人數比率也不變，即其成長率為零時，人均產量的成長率 ($\dot{q}$) 即等於勞動生產力的成長率 ($\dot{p}$)。這是研究經濟成長的學者最常假定的狀態。

　　㈢**經濟成長不論以總產量或人均產量衡量，在長期間，取決於勞動生產力之不斷提升**。因此經濟發展理論的大師諾

貝爾經濟學獎得主顧志耐 (Simon Kuznets) 先生都是用平均
每人 GDP 的成長率或生產力的成長率衡量經濟成長❷。

　　雖然資本增加會使勞動生產力提高，但如技術水準不
變，則邊際報酬遞減 (diminishing marginal return) 作用會使
資本的邊際產量不斷下降，直到下降為零，於是利潤為零。
由於投資缺乏誘因，故淨投資為零，而儲蓄等於投資，故
淨儲蓄亦為零，經濟停止成長。因此經濟成長所憑藉的最
後來源是技術進步，技術進步使資本的總產量和邊際產量
曲線上升，利潤率提高，吸引投資，使資本累積，經濟成
長。歷史上，技術進步雖然偶有出現，促使生產力提高、
人均產量與所得增加，然而由於缺乏連續性，以致生產力
提高的成果為人口增加所抵消，於是人均所得下降，社會
貧窮如故。直到 17 世紀西方現代科學發展，使技術取得不
斷進步的可能性，才支持總產量與人均產量的不斷增加，
顧志耐稱之為「現代經濟成長」，以別於歷史上偶發之技術
進步所引起的短期產量與所得增加。

　　成長經濟學家習於利用生產函數與計量方法，估算技
術進步與主要生產因素（包括資本與勞動，偶亦加入其他

❷　孫震，《臺灣發展知識經濟之路》，臺北，三民書局，2001 年，
　　章 2。作者在本章中分析臺灣經濟成長率與生產力的變動，
　　並計算了 1966–1995 年，臺灣 GDP、每人 GDP 與生產力變
　　動之關係。

設想有助於生產增加之因素，如人力資本 (human capital)
或教育等)，分別對經濟成長率之貢獻。不同的假定、方法
與資料，可能得到不同的結果❸；若未經廣泛比較，忽略
基本理論，偏信方便的計量結果，可能導致難以深信的結
論。

　　1994 年，克魯曼 (Paul Krugman) 教授在發表於《外交
季刊》的一篇論文中，根據劉遵義等和 Alwyn Young 對東
亞新興工業國家經濟成長來源的計量研究，認為東亞各國
近年之快速經濟成長，乃是由於生產因素投入增加，特別
是資本之快速累積，而非由於技術進步。他並由此推論由

---

❸　Jong-Il Kim and Lawrence J. Lau, *The Source of Economic
　　Growth of the Newly Industrialized Countries on the Pacific
　　Rim.*, Asia/Pacific Research Center, Stanford University, 1994.;
　　Lawrence J. Lau, *The Comparative Advantage of Taiwan*,
　　Asia/Pacific Research Center, Stanford University, 1994.;
　　Gregory Chow and Anloh Lin, *Accounting for Economic
　　Growth in Taiwan and a Comparison with Mainland China*,
　　2001 年 1 月 12 日，南港中央研究院經濟研究所，紀念邢慕
　　寰先生經濟發展研討會。
　　劉遵義 (Lawrence J. Lau) 教授用不同的方法計算東亞新興
　　國家包括臺灣的技術進步率，得到不同的結果，但都很低，
　　甚至為零。但鄒至莊教授和林安樂博士在上述論文中得到顯
　　著較高的數字。

於報酬遞減的作用，東亞各國之快速成長，勢將難以為繼❹。

1997 年下半年，東南亞各國發生金融風暴，經濟成長率於翌年降為負值，迄仍未恢復舊觀，克魯曼教授不幸而言中。然而，同樣根據「報酬遞減法則」(law of diminishing returns)，東亞新興工業國家資本連續快速增加數十年，必然表示有連續不斷之技術進步，始能維持資本之邊際產量於不墜，故能在長期中繼續保持成長。1997 年的東亞金融風暴只有別求解釋。

三、知識經濟的意義

馬夏爾說：「任何地方勞動和資本所能運用的範圍，取決於：⑴所擁有的自然資源；⑵善於運用這些勞動和資本的能力，而這種能力獲自知識，以及社會與產業組織的進步；⑶銷售過剩物品的市場❺。」其中⑵屬於供給方面的因素，⑶屬於需要方面的條件。

我們如將前文與此處所引馬夏爾的文字加以比較，可以發現前文「知識的擴散和進步」所引起的「新方法與新機器設備的應用」，相當於一般所說的技術進步；而此處由

---

❹ Paul Krugman, The Myth of Asia's Miracle, *Foreign Affairs*, November/December, 1994.

❺ Alfred Marshall, *Principles of Economics*, p. 668.

於知識進步以及社會組織和產業組織進步所導致使用勞動和資本的能力提高，比較接近蘇羅 (Robert Solow) 意義的技術進步，屬於更廣義的技術進步，在蘇羅的成長理論中，被當作資本與勞動以外的剩餘因素來處理❻。

　　技術是生產或提供經濟價值的方法和技巧，其中有軟體的部分，也有硬體的部分，而所生產的經濟價值包括物品和服務。我們很難說技術不是知識，技術是一種實作或實用的知識，但技術並非必然從知識發生。技術可能來自經驗，而經驗累積化為知識。

　　知識雖然可以生產價值，但不論在東方或西方，直到現代科學出現與資本主義發展之前，主流知識系統所生產的主要為人文價值或倫理價值。經濟價值的功能，在於增進物質生活的豐足；倫理價值的功能，在於增進社會的安定、和諧，及社會組織的有效運作。傳統社會，在西方大約到 18 世紀中葉工業革命、資本主義蓬勃發展以前，在中國由於未引進西方科技故更晚，技術進步緩慢，社會組織或社會制度缺少誘因，未能將存在的技術充分導入經濟價值的生產，所得增加的效果又常為人口增加所抵消，以致經濟長期停滯，人民對財富的期待微弱，倫理價值的追求遂成為主要的關心。

---

❻　Robert M. Solow, A Contribution to the Theory of Economic Growth, *Quarterly Journal of Economics*, February, 1956.

　　從 13 世紀馬可波羅 (Marco Polo) 時代，到 18 世紀亞當·史密斯 (Adam Smith) 時代，中國的富裕和穩定為歐洲國家所嚮往。在馬可波羅的心目中，時當元朝的中國，不僅是世上最富有、最強盛的國家，也是最文明的國家。16 世紀，培根 (Francis Bacon) 認為改變世界之三大發明，印刷、火藥、指南針，都是中國人所發明，而且在輸入歐洲之前，已普遍使用於中國至少五百年之久❼。

　　1776 年史密斯在《國富論》中指出，中國雖然比歐洲富有，但其富有係由過去技術上的成就所獲致，後來則少進步，當時情形和五百多年前馬可波羅看到的景象相比，甚少改變❽。然而西方國家經濟則迅速成長，達到今日所謂「已開發」的地位。從表面看是所得增加與財富累積，但其背後則是持續不斷的技術進步，應用於生產，使生產力不斷提高。其中不但涉及知識的進步，也涉及知識的應用與分配：從人文價值的生產到經濟價值的生產，從基礎知識的研究到應用知識或技術的開發，以及引發這些變動的社會與經濟因素。

---

❼　John Merson, *The Genius That Was China*, Woodstock, New York: The Overlook Press, 1990, pp. 8–9.

❽　Adam Smith, *An Inquiry Into the Nature and Causes of the Wealth of Nations*, Indianapolis: Liberty Classics, 1981, pp. 89, 209, 255.

　　探討知識和經濟成長的關係雖然可以回溯到大約 100
年前的馬夏爾，然而當前談知識經濟另有更為具體的意義。
1962 年馬克洛普 (Fritz Machlup) 首先使用「知識產業」
(knowledge industry)，並將教育、研發、傳媒、資訊設備和
資訊服務五種產業，視為當時美國之知識產業 ❾。

　　戰後 1947 年發明電晶體，1959 年發明**積體電路** (IC)，
1971 年發明微處理器，**資訊科技** (IT) 的發展突飛猛進，帶
領世界經濟走向高科技或科技產業的發展。所謂高科技
(high technology) 是指先進科技 (advanced technology)，由
於是先進科技，因此尚在繼續發展進步之中。高科技產業
具有下面的特色：

　　㈠研發經費在總經費中所占的比率高，技術創新在產
業發展中占重要地位。

　　㈡高學歷人員在總員額中所占的比率高。

　　㈢產品的生命週期短，不斷推陳出新 ❿。

❾　Fritz Machlup, *The Production and Distribution of Knowledge
　　in the United States, Princeton*, N. J.: Princeton University
　　Press, 1962.

　　此處轉引自吳思華，〈迎接知識時代之新挑戰〉，救國團社會
　　研究院，新世紀臺灣企業發展策略研討會引言報告，2000 年
　　11 月 18 日，唯將傳播易為傳媒。

❿　孫震，《臺灣發展知識經濟之路》，臺北，三民書局，2001 年，
　　頁 164。

這當然是一個非常粗略、含糊的定義，而且有相當武斷的成分。吳大猷先生曾經說，我們很不幸創造了科技這個名詞，將科學、技術兩個有基本分別的概念合併起來。基本上科學是求知、求真的探索，而技術則是實用性的研究，其研究過程中，總有若干部分是按照一些已知的原理，不過二者也非可作絕對性的劃分❶。也許我們可以將科技連用，表示現代以科學研究為基礎的技術，以別於現代科學發生前孤立偶發的技術進步，如若干中國傳統實用的技術，雖然可能有非常重大的貢獻，但既非科學研究的結果，也未導致現代科學的誕生。

我們如果將技術定義為「將基礎知識轉為實用的過程」❷，則晚近產業發展所仰賴的技術進步，由於其先進性，日益從接近商品化的應用端移向（基礎）知識端，這當是世界產業發展從不久前強調高科技、到晚近高唱知識

---

❶ 吳大猷，〈近數百年我國科學落後西方的原因〉，《聯合報》，1985 年 8 月 17 日；另請參考臺大物理系高涌泉教授，〈科學革命為什麼沒有發生在中國?〉，《中央日報》，2000 年 10 月 11 日。

❷ Technology is the process of transferring basic knowledge into useful applications. 參看 George S. Day and Paul J. H. Schoemaker, eds., *Whorton on Managing Emerging Technologies*, New York: John Wiley & Son's, 2000, p. 2.

經濟（knowledge-based economy 或 knowledge economy）的
根本原因。根據**國際經濟合作暨發展組織 (OECD)** *The*
Knowledge-Based Economy 的定義，所謂知識經濟是指：建
立在知識與資訊的生產、分配與應用之上的經濟。經建會
張溫波處長根據 OECD 與澳洲工業科學資源部之知識經
濟指標體系，建立臺灣之知識經濟指標，包括全國研發經
費、研究人員之人數、教育程度、科學與工程論文、專利、
電腦使用、上網人數等項目 ❸。我自己也使用大致相同的
指標，衡量臺灣發展科技產業、邁向知識經濟的程度 ❹。
不過我必須很冒昧的說，知識經濟或知識產業和高科技或
科技產業一樣，也具有相當含糊和武斷的成分。

四、臺灣從科技產業到知識經濟

臺灣產業發展的順序，從 1950 年代和 1960 年代的勞
動密集產業，到 1970 年代的資本密集產業，1981 年為順應

---

❸　張溫波，〈建設知識經濟，增強國家實力〉，《自由中國之工
　　業》，2000 年 5 月，卷 90，期 5，頁 1–26。

❹　孫震，Toward a Knowledge-Based Economy, Taiwan's
　　Experience in Developing Science and Technology Based
　　Industries，《自由中國之工業》，1999 年 3 月，卷 89，期 3，
　　頁 1–16；孫震，〈臺灣的科技管理與產業發展〉，《臺灣發展
　　知識經濟之路》，臺北，三民書局，2001 年，章 7。

1973 年以來兩次能源危機所改變之經營環境，行政院經濟建設委員會於設計 1982–1985 年四年經建計畫時，確定以下六項標準，據以選擇發展的產業，這六項標準是：(1)技術密集度高，(2)附加價值高，(3)能源密集度低，(4)污染程度低，(5)產業關聯效果大，(6)市場潛力大，簡稱二高、二低、二大。根據這六項標準，最初選出資訊工業與機械工業為所謂「策略性工業」，後又增加生物技術工業與材料工業，提供優惠之租稅、融資及其他條件，獎勵並協助發展。

在挑選策略性工業所根據的六項標準中，最重要的當然是技術密集度高。所謂技術密集度高其實是指較高的技術水準。技術水準高可創造較高的附加價值，亦即有較高的生產力，因而有較大的市場潛力。由於這些策略性工業以技術密集度高為主要特色，因此被稱技術密集產業，而1980 年代為技術密集產業發展的階段。

我們知道技術進步的主要來源為科技研究與發展。隨著技術進步與技術水準的提升，1990 年代進入科技產業或高科技產業的時代。過去的策略性工業也再予分類，並增加新項目，稱為新興工業。不過儘管政府所鼓勵的科技產業項目不斷增多，但資訊工業由於起步較早，得到政府有計畫的大力支持，以及世界資訊科技突飛猛進的大勢所趨，蓬勃發展，成為臺灣科技產業發展的主流。1995 年美國國家科學基金會在其特別報告中，將臺灣和南韓視為美國在

亞洲最接近日本水準的新興高科技競爭者❺。1994 年臺灣資訊硬體產值在世界排名第四，居於美國、日本和德國之後。1995 年超越德國成為世界第三。此一地位一直維持到 2000 年為中國大陸超過而回降為世界第四。不過，2000 年臺灣資訊硬體產值估計 232 億美元，只是其海內外總產值 480 億美元的 48%，而其海外之產地主要即為中國大陸❻。

臺灣半導體業 2000 年產值估計將近 220 億美元，占世界產值的 9.5%❼。半導體產業在早期政府的大力培育下，由於人才供應豐沛，業者辛勤經營，產業分工合作體系完備，生產效率高，技術直逼世界最先進的水準，是臺灣最具發展潛力的產業。

此外，光電業與通信業近年也有迅速的發展。

談到臺灣科技產業發展的成就，我們不能不特別感念三位政府首長的貢獻，就是前經濟部長、行政院長孫運璿先生，前國科會主委徐賢修先生，和前經濟部長、財政部長、政務委員李國鼎先生❽。

❺　National Science Foundation, *Asia's New High-Tech Competitors*, NSF95–309.

❻　王勝宏，〈2000 年我國資訊硬體產業回顧與展望〉，經濟部 IT IS：2000 年科技產業現況與市場趨勢研討會，2000 年 11 月 6–10 日。

❼　同❻，徐富桂，〈展望 2001 我國 IC 產業〉。

❽　孫震，〈臺灣科技產業的發展〉，《臺灣發展知識經濟之路》，臺北，三民書局，2001 年，章 11。

㈠**孫運璿先生**。1973 年擔任經濟部長，以部屬聯合工業研究所、金屬工業研究所與礦業研究所為基礎，經立法院通過，成立財團法人工業技術研究院，從事應用技術研發，以提升產業界的技術水準。1974 年，政府決定開發積體電路 (IC)，作為發展電子工業的基礎，在工研院成立電子工業發展中心，從美國 RCA 引進技術。1976 年初派員赴美受訓，隨即建造示範工廠，開展工作。這是臺灣發展 IC 產業的開始。1979 年電子工業發展中心升級為電子工業研究所，在積體電路之外並增加電腦技術研發的任務；同年並移轉 IC 技術，籌設民營的聯華電子公司。電子所後一分為三，即電子所、電腦與通訊研究所與光電研究所，分別專注各自領域的技術發展。目前工研院共有七個研究所和四個發展中心，大致涵蓋臺灣所有主要產業。現有員工六千餘人，50% 以上有碩士以上學位；大約 15% 有博士學位。

臺灣產業界很少做研發。大部分廠商規模小，缺乏做研發的能力，也不具備從事研發工作的經濟規模；不過在研發之外，另有其技術進步、生產力提高的來源。工研院的規模隨著臺灣經濟的進步而擴大，成功的扮演產業界共同研發機構的角色。在過去四分之一個世紀中，有 1 萬 3 千多位員工從工研院離開，其中將近 80% 參加產業界。他們或從國內大學取得學位，或自國外深造、工作歸來，在工研院經過一段時期的歷練，然後攜帶技術與經驗，甚至

工作伙伴，進入產業界的領導或中堅階層，為產業界內部技術進步的重要來源，並與工研院維持各種不同的合作關係；有時也挑戰工研院的技術能力，使工研院必須不斷努力，以求保持領先的地位。

㈡**徐賢修先生**。1970 年代末期，國家科學委員會主任委員徐賢修先生鑑於當時美國科技產業的發展，蔚成美國新興產業的主流，而這些新興的科技產業多集中於科技教學研發有成就的大學附近，如加州的矽谷、麻州的波士頓和北卡的三角地區；同時又感於臺灣的經濟發展終需走上科技產業的道路，於是建議政府設立科學工業園區，吸引國內外科技人才，從事創新產業的投資。

1980 年科學園區於新竹成立，附近有以理工著名的清華大學、交通大學和工業技術研究院，就近提供人才。園區主要的利益，在於可以低廉租金取得土地，同時國科會新竹科學園區管理局提供單一窗口的行政服務，使投資者無須直接面對眾多「衙門」的官僚作風與煩瑣手續；園區並提供對研發工作的獎勵與補助。此外，園區環境優美，基礎設施完備，並設有雙語學校，方便員工子弟就讀，也是吸引投資與高科技人才返國工作或創業的主要原因。目前新竹科學工業園區舉世聞名，1998 年底共有公司 272家，員工 72,623 人，年營業額 137 億美元，其中最大的項目為積體電路 69 億美元，電腦與周邊設備 48 億美元。

㈢**李國鼎先生**。1976 年自財政部長轉任政務委員，負責協調推動應用科技研發，使他對臺灣經濟發展的貢獻，從過去的鼓勵儲蓄、獎勵投資、推行人口政策、出口退稅、設立加工出口區等，轉移到更根本的科技發展和人才的培育與延攬方面。他在這方面的主要工作，包括全國科技會議的籌開、邀聘世界第一流的科技專家擔任行政院長的科技顧問，以及擔任行政院科技顧問組第一任召集人。

1978 年行政院召開第一次全國科技會議，根據會議結論與各方意見，於翌年訂頒「科學技術發展方案」，選定能源、材料、資訊、自動化四項為重點科技，推動發展。1982 年舉行第二次全國科技會議，增列生物技術、光電科技、食品科技、肝炎防治為重點科技；翌年頒布「加強培育及延攬高級人才方案」。1986 年之第三次會議，研訂「國家科學技術發展長程計畫」，增列災害防治、同步輻射、海洋科技、環保科技四類科技，合稱十二項重點科技。第四次與第五次會議分別於 1991 年與 1996 年舉行。自第三次會議起，明訂研發經費與研發人力之量化指標。第五次會議建議制定「科學技術基本法」。「科學技術基本法」於 1999 年 1 月完成立法，政府出資之研發成果，得全部或部分歸研究機構或企業所有，或授權准予使用，以消除過去研發成果屬於政府、束諸高閣之現象。目前，研發經費占 GDP 之百分比未達預期之目標；研發人力則超過目標；研發成

果下放之實踐，則尚考驗政府之決心與努力。

　　1982 年，第二次全國科技會議衍生之「培育及延攬高級人才方案」，對臺灣之高等教育與科技發展有重大之影響⑲。1980 與 1990 年代臺灣高等教育成長與返國高級人才人數如以下兩表。自從 1980 年代後半以來，臺灣高等教育尤其是理工部門研究所教育迅速擴張，以配合科技產業之發展。從 1980–1981 學年到 1997–1998 學年，研究生在學人數，碩士生增加 663.8%，博士生增加 1,511.4%；同一時期畢業獲碩士人數增加 629.2%，獲博士人數增加 1,903.1%（見表 3）。

　　1980 年代以來，過去在國外深造與服務的留學生大量返國，和國內高等教育學府新畢業的學生一起，共同創造了臺灣科技產業的成就。表 4 顯示 1980–1989 年與 1990–1995 年返國服務的留學生人數，分別為 14,880 人和 30,238 人，相當於同時期國內所有高等教育學府畢業出來的碩士和博士人數的 44.4% 和 56.5%。事實上這兩個看來已經很高的百分比，仍相當低估了這些返國菁英對國內教育、科技與經濟發展的重要貢獻。其原因為⑴國內獲碩士

---

⑲　李國鼎，《臺灣經濟發展中的科技與人才》，臺北，資訊與電腦雜誌社，1999 年，章 38：〈加強培育及延攬高級科技人才方案簡介〉與章 39：〈80 年代臺灣經濟結構轉變與技術人力發展〉。

學位的學生一部分繼續在國內或出國讀博士，並未進入就業市場；(2)國內獲博士學位的學生一部分出國繼續深造；(3)國外返國的菁英較甫自國內畢業獲學位的青年，一般有較高的學歷、較多的經驗與較廣闊的國際人際關係。如果沒有這些返國的高級人才，1980 年代後半以來臺灣的高等教育與科技產業不可能有如此快速的發展。

表3　臺灣高等教育之發展

	1980–1981學年	1990–1991學年	1997–1998學年
高等教育學府			
大　學	16	21	39
獨立學院	11	25	45
專科學校	77	75	52
在校學生人數			
大學部	153,088	239,082	409,705
碩士班	5,633	17,635	43,025
博士班	673	4,437	10,845
專科學校	183,134	315,169	449,573
應居畢業人數			
學　士	32,214	49,399	85,802
碩　士	1,940	6,409	14,146
博　士	64	518	1,282

資料來源：　1.教育部編印，《中華民國教育統計》，1998 年。
　　　　　　2. 1997–1998 學年之數字係教育部高教司提供。

表4　1980-1995 年留學生返國人數

	1980-1995 年	1980-1989 年	1990-1995 年
碩　　士	37,061	11,901	25,160
博　　士	7,256	2,416	4,840
其　　他	801	563	238
總人數	45,118	14,880	30,238

資料來源: 教育部編印,《中華民國教育統計》, 1997 年; 1995 年以後缺乏完整之留學生返國資料。

五、臺灣發展知識經濟的前景

　　臺灣的科技政策在研發經費方面的原則, 是逐年提高研發經費占 GDP 的百分比, 以接近先進國家的水準; 在研發經費之中, 則提高民間經費的比例。根據第五次全國科技會議所訂的目標, 西元 2000 年研發經費占 GDP 的百分比為 2.5%, 研發經費在政府與民間的比例為 45:55, 1999 年的實際數字分別為 2.05% 和 38:62。過去幾年由於政府財政困難, 研發預算雖然關乎國家經濟之長期發展, 但無關討好選民之施政, 故常為有形建設與福利預算所排擠, 使政府部分之研發經費成長減緩, 因此民間所占之比例超過目標。表 5 為主要國家近年研發經費占 GDP 百分比:

表5　主要國家研發經費占 GDP 百分比

國　別	日本	美國	德國	法國	英國	南韓	臺灣
年　度	1998	1999	1998	1998	1998	1997	1999
百分比 (%)	2.98	2.84	2.29	2.18	1.83	2.89	2.05

說　　明: 南韓、英國之研發經費不包括人文社會部門。
資料來源: 國科會編印,《中華民國科學技術統計要覽》, 2000 年。

1999 年, 臺灣在學術期刊發表的科學論文有 8,931 篇, 工程論文 4,376 篇 (1998 年分別為 8,601 篇與 4,026 篇), 分別排名世界第十九名與第十一名 (1998 年為第十九名與第九名)。同年在美國獲得專利 4,520 件, 在外國中排名第三名, 前兩名依序為日本 (32,515 件) 和德國 (9,896 件); 臺灣之後為法國 (4,097 件) [20]。從以上的數字可以看出, 臺灣在應用技術的研發方面有比較突出的成績, 在基礎知識方面則大致與經濟地位 (亦即每人 GDP 或每人 GNP 之世界排名) 相當。

1999 年, 臺灣共核准專利 29,144 件, 其中 18,052 件由本國人獲得, 占 61.9%, 11,092 件由外國人獲得, 占 38.1%。外國人獲得之專利主要為發明 (invention), 占所獲專利的 81.04% (9,141 件), 而本國人所獲之專利主要為新型 (new utility model), 其次為新式樣 (new design), 屬發明類的只有 2,139 件 [21]。有人據此以為臺灣較少創造力, 甚至進一步推論可能與臺灣以記誦為重的教育方式和聯考制度有關。不過也可能由於經濟上的理由, 以臺灣目前經濟發展的階段, 在現有基礎上加以改進, 較諸新發明成本低而少風險 [22]。

---

[20] 國科會第六次全國科技會議,《我國科學技術發展現況與檢討》, 2001 年 1 月 15–18 日, 頁 30–32。

[21] 國科會編印,《中華民國科學技術統計要覽》, 2000 年。

[22] 孫震,《臺灣發展知識經濟之路》, 臺北, 三民書局, 2001 年, 頁 123。

　　經濟發展是生產力不斷提高的過程,在發展的過程中,生產方式或產業特性隨之變化,大致循著勞動密集、資本密集、技術密集到所謂知識密集的道路,其中最關鍵的因素是技術進步的來源。臺灣目前的地位大致從技術端向知識端移動。從市場或經濟價值的生產上溯到基礎知識的關係可用下圖示意。

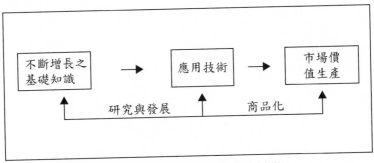

圖1　知識、技術與生產之流程

　　我們經過不同程度的研發過程,從基礎知識導引出應用技術,然後加以商品化 (commercialization),產生經濟價值。基礎知識經由研究而不斷累積,顧志耐稱之為「知識存量」(stock of knowledge)。通常我們用研究一詞包括發展,不過如細加區別,則研究是形成科學知識的過程,發展是形成應用技術的過程。不斷增長的基礎知識為技術進步、生產力提高與經濟成長的活水源頭。但基礎知識並非只生產經濟價值,也生產人文價值。一國知識存量在人文與經濟等不同領域之應用,以及相關之誘因制度,是經濟發展更基本的問題,可惜我們既少瞭解,也很少加以思考。

研發活動接近應用端的利益，在於相關的知識大致都已具備，故風險小，成功的機率大；其不利在於利潤低，優勢不易長久維持。接近知識端的利益，在於一旦成功，取得技術上的領先，可以創造技術上的差距，維持比較長久的競爭優勢；其不利則在於相關知識尚有不足，因此風險大，需要更優秀的人力、更精深的知識和更多的投資。臺灣近年科技產業迅速發展所大量借重的返國科技菁英，都是過去多年在海外累積的高級人力資本，現已漸趨耗竭，而國內高等教育量的發展雖然可稱快速，但質的提升猶待努力，勢將對臺灣發展知識經濟產生不利的影響。

政府可採取的措施，在較短的時期中，應調整研究人力在基礎研究和應用研究之間的分配，使同樣數量的研究人力可產生更大的經濟價值；在較長期間、也是更基本上，則應在過分膨脹的眾多大學中，選擇表現優異、最具潛力的三數家，協助其取得資源，追求卓越，發展為世界級學術重鎮。

表 6 是 1999 年臺灣研究人力在高等教育學府、研究機構和企業界之間的分配。在全部 88,708 位研究人員中，雖然 58.4% 在企業界，但是有博士學位的研究人員則 65.6% 都在高等教育學府。這些在學術界的高學位研究人員，在目前臺灣高等教育學府的制度下，只須研究發表即可保有工作，獲得升等，他們努力的導向是教學和基礎知識的創

造，而非應用技術的開發和經濟價值的生產。目前世界的
潮流，大學在傳統的研究和教學之外，日益重視研究成果
的經濟效果，而從事接近技術甚至市場端的研發活動；大
學並設立機構專司其事，為大學創造收入。臺灣近年也開
始向此方向發展；大學如能改變現行誘因制度，將一部分
研究人員的努力引導至此一方向，當有助於臺灣知識經濟
的發展。

表 6　1999 年臺灣各級學位研究人員之分配

單位：人，%

	企業界	科研機構	大專院校	合　計
合　計	51,803	19,134	17,771	88,708
百分比	58.4	21.6	20.0	100.0
博　士	1,640	4,408	11,508	17,556
百分比	9.3	25.1	65.6	100.0
碩　士	13,549	6,991	3,981	24,521
百分比	55.3	28.5	16.2	100.0
學　士	18,664	5,340	2,230	26,234
百分比	71.1	20.4	8.5	100.0
其　他	17,949	2,395	52	20,396
百分比	88.0	11.7	0.3	100.0

資料來源：國科會編印，《中華民國科學技術統計要覽》，2000 年，頁 56、70、
78。

臺灣的大學過去在政府嚴格把關下，設立不易，數十

年來，增加緩慢。前數年李遠哲先生主持教育改革工作，教改會對高等教育的基本看法，大致認為：我們不應把教育只當作培植經濟發展所需人力的手段，根據經濟發展的需要，決定大學招生分科的依據，教育尚有更廣泛的社會使命，而且隨著經濟發展，民生富裕，人民對知識的需要增加，教育不只是一種投資，也可能是一種消費，人民有追求知識，接受教育的權利。因此大學原則上應增加，但應予以分殊化，以適應不同目標，包括學術卓越、產業發展和其他世俗的目的。然而近年大學的數目迅速膨脹，分享稀少的教育資源；在資源均分的情形下，不可能產生學術卓越。政府如能以研究績效以及應用研究所獲致之專利與經濟效果，作為分配預算的參據，使表現優異的若干所大學享有較豐富的資源，則有可能在十數年間發展為一流大學，創造新知，培育人才，支持臺灣知識經濟的發展。

最後，研發工作必然涉及風險，包括科學上和技術上會不會有成果的風險，以及市場條件是否成熟、經濟上能否獲利的風險，並不是每件研發工作只要投下資源和努力就一定成功。研發工作愈接近知識端固然先進，但風險也愈大，除了累積更深厚的知識，培育更優秀的人才，也需要較多的經費和較大的規模，以補償暫時無經濟利益、甚至根本已經失敗的研發項目，保證每年有一定比率的成功，使研發投資值得進行。嚴格的說，臺灣在公共部門或私人

部門尚不具備這樣的條件，而在公共部門甚至連這樣的心態都不具備。

六、餘　論

在結束本文之前，尚有三個相關重要問題，必須略加探討。

㈠在經濟發展的過程中，技術進步快，生產力提升大的產業，成為領先部門，吸引資本和人力，迅速擴張；而技術停滯的產業成為所謂傳統部門，如無外來競爭，其產品的價格會上升，以保衛其在產業結構中之版圖，否則將趨於萎縮，釋出生產因素，供作更有經濟效益的利用，使國家的平均生產力提升。這是伴隨著經濟成長不斷發生的現象。如果領先部門擴張快速，而其性質又和傳統部門有較大的差異，則傳統部門釋放出來的勞力，必有一部分形成失業，需要再教育或訓練，才能重新加入就業的行列，甚至一部分成為長期失業。

㈡許士軍教授在一次演講中指出：我們慣以產品類別區分是否屬於高科技產業並不適當，例如某些號稱高科技的 PC 產業，其附加價值日益減少，主要以代工為主，尤其標準化後所需之知識更少；反倒是國外的一些傳統產業，如丹麥的食品、家用品、農業，義大利的紡織、成衣、鞋子，瑞典的海礦設備等，其附加價值及所需知識，並不亞

於現在號稱的高科技產業❷。

紡織業在 1960 年代是臺灣的領先部門，從 1970 年到 1999 年經歷 30 年，臺灣按美元計算的平均每人 GNP 成長 30 餘倍，紡織業部門雖然在產業結構中縮小，但依然是臺灣賺取外匯淨額最大的部門，主要因其內部技術不斷進步以維持生產力繼續提升。稍後的例子如汽車工業，隨著資訊技術的日新月異，汽車中資訊電子所占的成分不斷提高，傳統機械的成分相對減少。不久的將來臺灣進入世界貿易組織 (WTO)，農業部門也需借重更多資訊和生物技術，以加強競爭力。事實上，荷蘭雖為高科技、高所得的工業先進國家，其花卉業依然世界無敵。

㈢我們必須切記知識並非只發生於領先部門，也並非只有最新、最先進的技術才能創造價值，提高生產力。已故的經濟學大師熊彼得 (Joseph A. Schumpeter) 有名的「創新」，並非指前所未有的技術或方法，而是指前所未見諸應用的技術或方法。畢竟經濟並非完全等同於科技。

諾貝爾經濟學獎得主貝克 (Gary S. Becker) 教授在 1992 年 9 月就任蒙帕侖侖學社 (Mont Pelerin Society) 會長的演說中，談到人力資本對經濟成長的重要性，有下面一段話：「人力資本包括人民的知識、技巧、健康、以及工作習

---

❷ 鄭淑穎整理，〈知識經濟時代臺灣知識產業如何發展〉，《工研院工業技術與資訊》，2001 年，期 112，頁 10。

慣的品質。人力資本之所以重要，因為在現代經濟中，生產力來自知識的創造、傳布與應用。知識在企業、研究機構與大學中創造，在家庭、學校與工作中傳播，而為企業所用，以生產貨物與勞務❷。」

　　在稍早一篇紀念另外一位諾貝爾經濟學獎得主、蒙帕侖學社的創始人海耶克 (Friedrich A. Hayek) 的短文中，貝克回憶海耶克 1945 年的論文〈知識在社會中的應用〉(The Use of Knowledge in Society) 的重要性，指出：市場經濟較諸計畫經濟之所以有較高的效率，因為可以充分利用分散在個別消費者、工作者與生產者之中的知識，以決定生產、產量和價格❷。這是我們討論知識經濟、強調先進科技研發時，不應忽略的一面。

---

❷　Gary S. Becker, Government, Human Capital and Economic Growth, *The Mont Pelerin Society Newsletter*, February, 1993, p. 4.

❷　*The Mont Pelerin Society Newsletter*, June, 1992, p. 2.

第三篇
儒家思想與幸福人生

- 經濟發展與民生樂利
- 儒家思想、經濟成長與幸福人生
- 儒家思想與現代經濟成長
- 朱子家禮與現代社會倫理
- 儒家思想與現代倫理
- 社會信任與社會資本——從傳統到現代

經濟發展與民生樂利

2009 年 2 月 14–15 日，臺北，國父紀念館「孫文論壇，
第二屆學術研討會」主題演講。

一、經濟利益與人生幸福

一切經濟制度所欲達到的目的都是民生樂利。利是指經濟利益，包括所得增加、經濟成長、財富累積。樂是指幸福喜樂，就是英文的 happiness。人生的幸福並非一定靠經濟利益，但不能沒有經濟利益，如果一點經濟利益都沒有，根本就活不下去，這時連幸福的主體都不存在，還說什麼人生幸福呢？

孟子有一個有名的例子：「匡章曰：『陳仲子豈不誠廉士哉？居於陵，三日不食，耳無聞，目無見也。井上有李，螬食實者過半矣，匍匐往，將食之，三咽，然後耳有聞，目有見。』孟子曰：『於齊國之士，吾必以仲子為巨擘焉。雖然，仲子惡能廉？充仲子之操，則蚓而後可者也。夫蚓，上食槁壤，下飲黃泉……』」（《孟子・滕文公》）陳仲子是齊國的廉潔之士，其兄為齊國的高官。仲子認為其兄的俸祿是不義的俸祿，房屋是不義的房屋，因此避居到於陵。三天沒有飯吃，耳朵失去聽覺，眼睛失去視覺。飢不擇食，井上有蟲子吃剩下來的李子，爬過去咬一口。所以孟子說像這樣的節操只有蚯蚓才做得到，蚯蚓吃點乾土、喝點泥漿就活得下去。

人不能不吃飯，富有並非壞事。孔子說：「富而可求也，雖執鞭之士吾亦為之；如不可求，從吾所好。」（《論語・述

而》)子貢問政。孔子曰:「富之,既富乃教之也。」(《說苑》)
經濟利益不僅是個人努力追求的目標,也是政府施政最重
要的項目。

二、自利與公益

然而我們應如何增進人民的經濟利益呢? 西方經濟學
之父亞當・史密斯 (Adam Smith) 認為,每個人都追求自己
的利益,冥冥之中如有一隻看不見的手,帶領我們達成公
共的利益,而且比蓄想達成公共的利益更有效。

史密斯說:「我們有飯吃,並非因為肉商、酒商和麵包
商的恩惠,而是因為他們知道對自己有利。我們投其所好,
而非訴諸他們的善心和好意。永遠不要告訴他們我們多麼
需要,只告訴他們對他們有多少好處❶。」又說:「一個社
會的年收入永遠等於其產業年產出的交換價值,更正確的
說,兩者根本是一件事。因此,當每個人竭其最大努力投
資於國內產業並使該產業的價值最大時,必然也使社會的
年收入最大。通常他既無意去促進公益,也不知促進了多
少。他優先投資於國內產業而非國外產業,是為了自己的
安全。他如此經營此產業以獲致最大的產值,是為了自己
的利得。他在此一情況和在很多其他情況一樣,被一隻看

---

❶ Adam Smith, *An Inquiry into the Nature and Causes of the
Wealth of Nations*, Book I, Chapter ii, 第 2 段。

不見的手所帶領，達成原本無意達成的目的。他無意於此並非對社會不利，他追求自己的利益往往比有意促進社會利益更能有效達成社會的利益❷。」

　　史密斯這段話包含了現代國民所得的概念。企業募集資金，僱用生產因素，購置原材料，從事生產。其所生產的價值減去所投入原材料的成本，就是此企業為社會所創造的價值，叫作「附加價值」(added value)。附加價值支付所有生產因素的報酬，包括地主的租金、資本主的利息和員工的薪資，剩下來的為利潤，如果剩下來的為負值，就是虧損。一國所有企業在一定時期例如一年所創造的附加價值的總和，就是我們所熟悉的「國內生產毛額」(gross domestic product, GDP)。企業尋求以最有效的方法，生產社會上最需要因而價值最高的產品，個別生產因素擁有者為其所擁有的生產因素尋求報酬最高的用途，使 GDP 達到最大。每個人追求自己的利益，結果使社會得到最大的利益。因此，個人的利益與社會的一致，個人用不著為了增加社會的利益而工作，只要努力追求自己的利益，就可達成社會的利益。

　　兩千多年前我國的大歷史學家司馬遷和 18 世紀英國的亞當‧史密斯幾乎有完全相同的經濟思想，但描述更生動。司馬遷說：「夫神農以前，吾不知已。至若《詩》《書》

---

❷　Adam Smith, *Wealth of Nations*, IV. ii. 2.

所述，虞夏以來，耳目欲極聲色之好，口欲窮芻豢之味，身安逸樂，而心誇矜勢能之榮，使俗之漸民久矣。雖戶說以眇論，終不能化。故善者因之，其次利道之，其次教誨之，其次整齊之，最下者與之爭。」(《史記·貨殖列傳》)

司馬遷這段話，包含了史密斯在《道德情操論》(*The Theory of Moral Sentiments*, 1759) 和《國富論》(*The Wealth of Nations*, 1776) 兩大經典名著的精義。沉耽於物質享受、嚮往權勢、地位、名聲是人作為一個自然人（生物人）和社會人的本性，司馬遷將其說成為長久以來的風尚，既然無論如何加以解說，施以教化，總是不能改變，不如順其自然，善加利用，藉著社會制度所設下的名韁利索，予以駕馭，使個體追求自己功名利祿的努力，達成社會群體繁榮安定的目的。「故善者因之」以下每五個字，最後一句六個字，都代表一種可能的、不同的經濟制度，真是了不起的思想。從司馬遷看起來，最好的經濟制度就是自由經濟（善者因之）。

司馬遷又說：「故待農而食之，虞而出之，工而成之，商而通之。此寧有政教發徵期會哉？（沒有設計安排發號施令，然而卻有一隻看不見的手引導。）人各任其能，竭其力，以得所欲。故物賤之徵貴，貴之徵賤，各勸其業，樂其事，若水之趨下，日夜無休時。不召而自來，不求而民出之，豈非道之所符而自然之驗邪？」

三、義利之辨

　　然而司馬遷的經濟思想並未進入中國傳統思想的主流。傳統儒家思想代表社會菁英階層的價值觀，基本上是「德本財末」。《大學》有下面一段話：「是故君子先慎乎德。有德此有人，有人此有土，有土此有財，有財此有用。德者，本也；財者，末也。外本內末，爭民施奪。是故財聚則民散，財散則民聚。是故言悖而出者，亦悖而入；貨悖而入者，亦悖而出。」

　　孔子對功名利祿的基本態度是：「富與貴是人之所欲也，不以其道得之不處也；貧與賤是人之所惡也，不以其道得之不去也。」(《論語・里仁》) 又說：「君子謀道不謀食。耕也，餒在其中矣；學也，祿在其中矣。君子憂道不憂貧。」(《論語・衛靈公》)

　　其實英哲亞當・史密斯原為蘇格蘭格拉斯高 (Glasgow) 大學的道德哲學 (moral philosophy) 教授，他於《國富論》問世前十七年出版《道德情操論》，為他的經濟理論奠定倫理的基礎。他在《國富論》中強調自利，但在《道德情操論》中表示，自利雖然是一種重要的動機，但人的動機有多種，自利常受良心的節制，而且人的行為常常表現出慈愛與寬大等美德。

　　他在《道德情操論》中開宗明義就說：「無論我們認為

人如何自私，在他的天性中必然有若干原則，使他關心他人的幸福和喜樂，雖然他從中並無所獲，只不過樂於見到而已。這就是同情與憐憫，也就是當我們看到或想到別人的不幸所感到的一種情緒。我們從別人的哀傷中感到哀傷，是顯而易見的事實，不需要任何證明。而且這種情操，像人性中其他原始的熱忱一樣，並不限於善良慈悲之士，即使是窮凶極惡之輩與鐵石心腸的亡命之徒，亦非全無同情之心。」

史密斯認為人有利己之心，也有利他之心。他說：「關心自己的幸福教我們審慎的美德 (virtue of prudence)；關心他人的幸福教我們公平的美德 (virtue of justice) 和仁慈的美德 (virtue of beneficence)。」

prudence 說的是為了自己的利益深思熟慮的打算，「審慎」可能並非最適當的翻譯，也許翻譯成自利更明白。不過對於深受儒家思想影響的讀者來說，自利怎能算是一種美德呢？然而上天有好生之德，萬物都要生存下去，如果自己不照顧自己的利益，要靠別人照顧，能算是一種美德嗎？審慎包含對財富和對社會地位、權勢、名聲的追求。公平是不傷害別人的利益，仁慈是增加別人的利益。

justice 可翻譯為公平，也可以翻譯成公正、正義或公義。翻譯成公平可能太平凡，然而正因其平凡才是比較恰當的翻譯，其次是公正，如果用正義或公義可能令人望文

生義，無限延伸，失去原來只要求不減少但也不增加別人利益的準確意義。公平的要求並不多，在不傷害別人的利益下追求自利，私利和公益才會一致。

史密斯認為利己是生物的本能，是一種切身的感受。我們飢思食、寒思衣，可視為大自然的呼喚，告訴我們如何審慎的維護自己的生存。如果自己尚且不能生存，也就不可能去利他。利他是推己及人的投射，我們看到別人幸福感到欣慰，看到別人受苦，惻隱之心油然而生。利己之心強烈，利他之心薄弱。但利己之心和利他之心都產生欲望，欲望的滿足產生效用 (utility)，效用產生價值 (value)，而價值是人生追求的最終目的 (ultimate end)。

滿足我們物質欲望的金錢、所得、財富等可稱為經濟價值，滿足我們社會欲望的地位、權勢、名聲可稱為社會價值。公平和仁慈是倫理價值。此外我們還可以在審慎的美德中增加一項精神價值，表示心靈上的獨立與豐足，一種不假外求、怡然自得、自由閒適的心境。

以下是中西人生價值觀的比較：

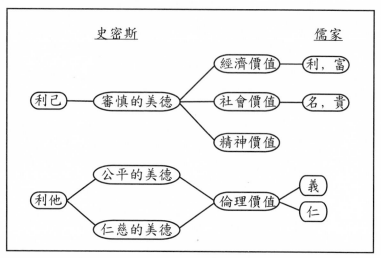

史密斯　　　　　　　　　　　　　　儒家

經濟價值 ── 利，富

利己 ── 審慎的美德 ── 社會價值 ── 名，貴

精神價值

公平的美德

利他 ── 　　　　　── 倫理價值 ── 義／仁

仁慈的美德

圖2　中西人生價值觀的比較

　　不過嚴格說這只是我國傳統儒家思想與西方現代資本主義思想的比較。史密斯代表的是西方現代資本主義思想，強調利己，認為只要在公平的原則下追求自己的利益，就可以達成社會全體的利益。資本主義制度下自利的追求並非不顧倫理，只是止於公平，不進入仁慈的層次。儒家思想強調利他，儒家雖不否認自利的必要，但並不賦予優先的地位。因為大家已經很重視自己的利益，不必再加強調，所以「子罕言利」（《論語・子罕》）。因為利他之心薄弱，所以曾子要「吾日三省吾身，為人謀而不忠乎？與朋友交而不信乎？傳不習乎？」（《論語・學而》）習是品德之學的實踐，不能只當作知識之學的複習來看。利他的品德是君

子終身修持的學問。儒家思想反映的是社會上層菁英階層
的價值偏好。他們準備承擔的使命是增進全民的福利，不
是他們自己的福利，他們從倫理價值中獲得生命的充實與
滿足。

　　現代西方重視進步與成長，傳統中國重視穩定與和諧，
反映的是不同時代技術條件的不同。有連續不斷的技術進
步，才有以生產力不斷提高為特色的現代經濟成長。

四、經濟成長的成就與限制

　　經濟成長是指人均產值或所得的增加，而人均產值增
加主要為勞動生產力提高的結果。每一勞動者使用的資本
增加使勞動生產力提高，但在一定技術條件下，資本增加
其邊際生產力下降，終致下降為零。於是資本不再增加，
淨投資為零，儲蓄亦為零，經濟停止成長。技術進步是經
濟成長的最終來源，有繼續不斷的技術進步才有持續不斷
的經濟成長。這是 18 世紀下半工業革命以後才出現的現
象，諾貝爾經濟學獎大師顧志耐 (Simon Kuznets) 先生稱之
為「現代經濟成長」，以別於歷史上技術偶有進步帶動產值
增加，旋為人口增加抵消，致人均所得不變的短暫成長。

　　在現代經濟成長出現前的傳統社會中，技術水準不變，
總產值受到技術的限制有一定限度，經濟停滯，個人追求
財富不會使總產值增加，只會使他人財富減少，引起社會

緊張。因此社會的目的強調和諧穩定，人生態度重視淡泊順從，曲己從人，維護群體利益。現代經濟成長時代，技術進步取得連續性質，總產值因個人努力而增加，生產力不斷提高，人均所得不斷增加，生活不斷改善，因此社會所強調的目的轉為進步繁榮，人生態度亦重視積極進取，伸張個人意志，追逐個人目標。

　　隨著經濟的持續成長，發展目標和人生關懷的轉變如圖3：

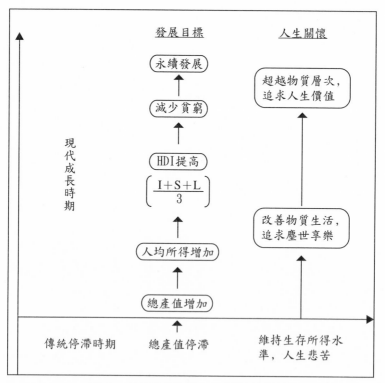

圖3　發展目標和人生關懷的轉變

此圖由下而上表示歷史的過程，左邊的直線告訴我們經濟發展從漫長的「傳統停滯時期」進入「現代成長時期」。中間連續的箭頭標示第二次世界大戰以後世界銀行在不同發展階段所倡議的「發展目標」。最初追求總產值 (GDP) 增加和就業增加。然而如果總產值增加為隨之而來的人口增加所抵消，則人均所得不增加，生活得不到改善。所以隨後的目標是「人均所得增加」。人均所得增加後，人還需要而且也有能力追求教育和健康，所以下一個目標是「人的發展指標」(Human Development Indicator, HDI) 提高。HDI 包括三個項目，即人均所得 (Income, I)、教育年數 (Schooling, S) 和壽命 (Life, L)。下一個發展目標是「減少貧窮」。經濟發展不光追求經濟成長，也追求分配平均。然而過分重視平均以致失去努力的誘因，可能妨礙成長，以致平均的結果不是均富而是均貧。因此減少貧窮，改善低所得階層的生活，比平均分配更能增進全民的福祉。

　　世界銀行以每人每日消費低於用 1993 年物價計算 1.08 美元，簡單的說用 1 美元為赤貧 (extremely poor) 的標準，每人每日消費低於 2 美元為貧窮 (poor) 的標準。聯合國「千禧年發展目標」(millennium development goals) 中最主要的目標，是將赤貧人口在總人口中所占的比率即赤貧率減半：使其從 1990 年的 29% 減至 2015 年的 14.5%。近年世界銀行修改其對世界生活成本的統計，世銀專家

Shaohua Chen 和 Martin Ravalion 根據最新統計重訂赤貧線為 1.25 美元，按照此標準計算，2005 年世界赤貧人口為 14 億人，遠大於按 1 美元計算的 8 億 7 千 9 百萬人。

當前的發展目標是「永續發展」。根據世界環境與發展委員會的定義，永續發展是指「滿足吾人今日所需之經濟進步，不損及子孫後代滿足其未來所需之能力。」

為了消除貧窮，世界經濟必須繼續成長。然而成長不但耗費地球資源，終將使成長難以為續，而且破壞環境，使地球日愈不適合人類甚至萬物生存。看來現代成長為人類帶來幸福，也帶來接踵而至的災難，有待我們運用知識和智慧來克服。

圖 3 的右邊標示在不同發展階段、不同人均所得水準人生的態度與終極關懷。傳統停滯時期，受到技術的限制，人均所得停留在「生存水準」(subsistence level)，就是只能勉強維持生存使人口不增加也不減少的水準，物質生活得不到改善，人生悲苦，只有安於宿命，期待來世；也有人寧願跳出生命苦海，不再進入輪迴。進入現代成長時期，人均所得不斷增加，物質生活得到改善，才有能力追求塵世的享樂 (worldly pleasure)。這一時期大約在「人均所得增加」和「HDI 提高」兩個階段。等到人均所得繼續增加，進入「減少貧窮」階段，物質生活豐富，才會超越物質層次，覺得物質不重要，人生在生存和物質享樂之外，尚有

重要的意義和價值。

五、眼睛只看到錢的經濟後果

以自利為驅動力，在科技不斷進步的條件下，的確促進了持續不斷的經濟成長，而且成長率近年有提高的傾向。然而過分重視成長，社會風尚唯利是圖，越來越少人記得，甚至根本不知道亞當·史密斯的倫理叮嚀：在公平的基礎上追求自利才會達到社會全體的利益。

2001 年 12 月美國爆發安隆 (Enron) 醜聞。安隆是一家能源交易公司，1980 年代崛起於德州，迅速竄升為美國第七大公司，擁有 3 萬員工。1990 年代從能源交易賺取不當利得。進入 21 世紀勾結簽證會計師安達信 (Arthur Andersen) 作假帳，隱藏損失，美化財報，虛增利潤，造成偏高股價，欺騙投資人。最後東窗事發，使世界蒙受數以百億美元計的損失。

2002 年 7 月美國參眾兩院通過「沙賓法」(Sarbanes-Oxley Act)，強化公司治理，加強企業監督，由獨立董事組成之審核委員會聘任與解聘簽證會計師，審核委員會並有獨立經費供查核之用，定期更換簽證會計團隊之資深會計師，禁止會計師對雇主提供非關審核之服務，高層主管應簽署公司之會計報表，對之負責……等。

安隆的負責人終於自食惡果，為其貪婪敗德的行為負

起刑責。然而從 2007 年 7 月美國次級房貸出現問題開始的世界金融危機，至 2008 年下半年席捲全球。次級房貸、複雜的結構式金融產品、投資銀行的高槓桿財務操作，太多人唯利是圖，眼睛裡只看到錢，不顧倫理、責任和節制，結果導致 1930 年代初大蕭條以來世界最嚴重的經濟衰退，然而卻沒有一個人負責任。美國總統歐巴馬 (Barack Obama) 在今 (2009) 年 1 月 20 日的就職演說中譴責說：「這次美國經濟的困境是由於若干人的貪婪和不負責任之故。」

這次金融危機的直接原因，最重要的就是以上所說的次級房貸、複雜的結構式金融產品和高財務槓桿。所謂的次級房貸 (subprime mortgage loans) 就是金融機構借太多錢給經濟弱勢、原本買不起房子的人買房子，用房子做抵押，忘記利率會上升，房價會下跌，經濟會衰退，失業會增加，有人會付不起房貸。這些房貸經過擔保、保險、和證券化，最後包裝成所謂複雜的結構式金融產品 (complex structured finance products)。

這些複雜的結構式金融產品由大量**房貸擔保證券** (mortgage backed securities, MBS)，**資產擔保證券** (asset backed securities, ABS) 和**擔保債務憑證** (collateralized debt obligations, CDO) 組成，按風險高低，以不同報酬率，出售給不同風險愛好的買主。其意或在分散風險，其實則污染資產品質。結構式金融產品由於

太複雜，以致估價不易，財務揭露困難，信評失真，一旦次貸發生問題，投資人信心動搖，累及優良資產，導致市場崩潰；而高財務槓桿的作用反轉，推波助瀾，使金融情勢雪上加霜。

投資銀行例如高盛 (Goldman Sachs) 和美林 (Merrill Lynch) 大約有 30 倍財務槓桿 (leverage)，即以 1 元資本，操作 30 元資產。如資產報酬率為 1%，則資本報酬率為 30%，唯如資產報酬率為 –1%，則資本報酬率為 –30%。當資本發生損失時，金融機構必須以 30 倍收縮資金，所以信貸市場資金緊縮，發生連環效果，引起實體經濟衰退。如今美國華爾街五大投資銀行紛紛走入歷史。雷曼兄弟 (Lehman Brothers) 破產，貝爾‧斯登 (Bear Stearns) 賣給摩根大通 (JP Morgan Chase)、美林賣給美國銀行 (Bank of America)、高盛和摩根史丹利 (Morgan Stanley) 轉型商銀金控。但世界繼續為它們的垃圾金融產品支付慘痛代價。然而什麼人不顧風險購買這些金融資產？如果沒有人購買，這些複雜的結構式金融產品如何氾濫成災？可見一切災害源自追求經濟利益失去了倫理和節制。

人生追求的終極目的 (ultimate ends) 有四種，即**經濟價值** (economic value, EC)、**社會價值** (social value, SO)、**倫理價值** (ethical value, ET) 和**精神價值** (spiritual value, SP)：經濟價值是對金錢、財富、物質福利的追求；

社會價值是對社會地位、權勢、名聲的追求；倫理價值是對做人做事誠信、公平、仁慈、忠心、負責的堅持；精神價值是追求一種獨立、自主、不假外求，怡然自得的自由心靈。這四種價值共同構成人生的幸福方程式：

$$H = F(EC, SO, ET, SP)$$

此一般形式的幸福方程式最簡單的形式如下：

$$H = aEC + bSO + cET + dSP$$

$$其中 a + b + c + d = 1$$

不同的人賦予不同價值不同的重要性，因而 a、b、c、d 對不同的人有不同的數值，形成社會多樣的人生觀。

有人偏愛世俗價值，追求富貴榮華、地位權勢，有人堅持倫理道德，超然自適；鐘鼎山林，各有所好。曾子曰：「晉楚之富，不可及也，彼以其富，我以吾仁；彼此其爵，我以吾義。吾何慊乎哉！」（《孟子・公孫丑》）他的錢多，我的品德高；他的官大，我的行為正當。我有什麼不如他的呢？孟子曰：「說大人則藐之，勿視其巍巍然。（不要看他了不起的樣子）堂高數仞，榱題數尺，我得志弗為也。食前方丈，侍妾數百人，我得志弗為也。般樂飲酒，驅騁田獵，後車千乘，我得志弗為也。在彼者，皆我所不為也；在我者，皆古之制也，吾何畏彼哉？」（《孟子・盡心》）高堂華屋、山珍海味、飲酒行樂，他所做的都是我不要做的，我所做的都按照古聖先賢的規矩，我有什麼好怕他的呢？

　　現代成長文化的社會，倫理價值與精神價值式微（即 c 和 d 的數值偏低），唯利是圖，見錢眼開（即 a 和 b 的數值偏高）。21 世紀以來的企業弊案與當前的金融危機（亦稱金融海嘯），幾乎是必然的結果。美國麻州理工學院 (MIT) 梭羅 (Lester C. Thurow) 教授說：「企業醜聞是資本主義的常態而非異數」❸，臺灣更是過度熱衷於功名利祿、世俗價值的追逐，導致社會不安，大家都感到缺少幸福。

　　物質的世界因為有窮盡，所以爭奪不休。然而倫理和精神的世界無限寬廣，凡尋找一定得到，而且不排斥別人得到。對社會全體而言，我們需要有遠見的文化政策，提升倫理價值和精神價值的重要地位，社會才會在和諧中穩定成長。

六、餘　論

　　㈠有持續不斷的技術進步，才有以人均所得持續增加為特色的現代經濟成長。

　　㈡在公平的原則下追求自利，個人的利益才會忠實反映群體的利益。

　　㈢人性利己之心強烈，利他之心薄弱，社會文化必須賦予倫理較名利更高的地位，經濟發展才會獲致最大的民生樂利；這是我國傳統思想可對現代經濟成長的重大貢獻。

---

❸　《天下雜誌》，2002 年 8 月 1 日，頁 32–34。

儒家思想、經濟成長
與幸福人生

2009 年 9 月 26 日，「孔孟學會會員大會」專題演講。

　　人生追求的價值有經濟價值、社會價值、倫理價值和精神價值，現代資本主義文化的功利追逐要加入我國傳統思想的倫理堅持和精神自主，才能成就幸福人生。

一、現代經濟成長的來源

　　以人均產值持續增加為特色的現代經濟成長是資本主義出現後才有的現象。我們常聽說資本主義唯利是圖，不重視倫理，所以弊端頻傳；儒家思想重視倫理，不重視財富，所以沒有經濟成長。這是一個非常簡化的說法，不是很正確。資本主義並非不重視倫理，儒家思想也不是不重視財富，經濟成長也不是貪財的結果。如果貪心可以獲得財富，促進經濟成長，世界上怎會有窮人呢？

　　資本主義運作的主要機制，是藉著個人追求自利的努力，達成社會全體的利益。經濟學之父亞當・史密斯 (Adam Smith) 被視為資本主義代言人，他在《國富論》(*An Inquiry into the Nature and Causes of the Wealth of Nations*, 1776) 中說：我們通常無意促進公益，然而每個人追求自己的利益，冥冥中如有一隻看不見的手帶領，達成社會全體的利益，而且比有意促進公益更有效。

　　何以會如此？史密斯說：「一個社會的年收入永遠等於其全體產業年產出的交換價值。更正確的說，二者根本是同一件事。（生產的產值有多少，大家的收入就有多少。）

因此當每個人竭其最大努力投資於國內產業並使其產值最大時，必然也使社會的年收入最大 ❶。」

史密斯在其《國富論》中並未強調倫理，但他在《道德情操論》(*The Theory of Moral Sentiments*, 1759) 中指出，人有利己之心也有利他之心。我們關心自己的幸福，所以產生審慎的美德 (virtue of prudence)，我們也關心別人的幸福，所以產生公平的美德 (virtue of justice) 和仁慈的美德 (virtue of beneficence)。審慎是為了自己的生存發展而仔細打算，包括追求所得與財富，我稱之為經濟價值，和追求地位與名聲，我稱之為社會價值。我將二者合稱為世俗價值。公平是不傷害別人的利益，仁慈是增加別人的利益，我將二者合稱為倫理價值。公平必須要求，仁慈只能期待。

史密斯《道德情操論》中的公平是其《國富論》中經濟活動的倫理基礎。公平才能無爭，社會才會和諧，生產事業才會永續。生產是（經濟）價值創造的過程；而一切價值來自需要；需要產生效用，效用產生價值。生產者在價值創造的過程中，如果對所有參與者都公平對待，則他得到的利潤大小就反映他生產效率的高低。不過史密斯認為，人對世俗價值的熱切勝於對倫理價值的關懷，這是天性使然，因此，他對人的倫理堅持不是很有信心，寧願藉

---

❶ Adam Smith, *An Inquiry into the Nature and Causes of the Wealth of Nations*, 1776, IV. ii. 9.

著市場運作維護公平。市場上的公平競爭讓所有參與生產活動的人得到公平待遇，也讓稀少的資源由效率最高的人使用，使其創造的產值最高，產生的效用最大。

所以史密斯的現代信徒諾貝爾經濟學獎得主傅利曼 (Milton Friedman) 說：「企業只有一個社會責任，就是在遊戲規則的範圍內使用其資源從事增加利潤的活動；所謂遊戲規則就是從事公開、自由的競爭，而不欺騙作偽 ❷。」換句話說，就是維持公平。

生產的效率高、產值大並非就是經濟成長。生產的效率高反映勞動生產力高，生產力高使產值大，而經濟成長是指生產力和人均產值增加。史密斯在《國富論》中指出「富裕」(opulence) 和「進步」(progress) 是兩個截然不同的概念，富裕指的是富有的水準 (level)，而進步指的是此水準的提高 (change of the level)。他說中國比（當時的）歐洲富裕，但是沒有進步。數千年累積的富有因為缺少進步，所以被歐美超越，後來成為貧窮的國家。

成長的來源是技術進步。如果沒有技術進步，在一定技術水準下，由於經濟學中「邊際報酬遞減法則」(law of diminishing marginal returns) 的作用，資本增加和勞力增加

❷　Milton Friedman, The Social Responsibility of Business is to Increase its Profits, *New York Times Sunday Magazine*, September 13, 1970.

在其邊際報酬最後下降為零後，都不能再使生產力提高，因而也不能使人均產值增加。對於個人而言，儲蓄和勤勞可以致富，但對整個社會而言，儲蓄和勤勞都不能使經濟成長，如果儲蓄和勤勞可以讓國家致富，那麼世界上怎麼還會有貧窮的國家？經濟學中有個考試的題目要求學生解答，為什麼沒有邊際報酬遞減，我們可以在一個花盆中生產出全世界需要的糧食。

偶然的技術進步自古有之。然而技術進步使生產力提高後，人均所得增加，人口隨之增加，使人均所得降低，重回到原來的「生存水準」。持續的技術進步是現代科學出現、工業革命以後才有的現象。有持續不斷的技術進步才有以人均所得持續增加為特色的經濟成長。諾貝爾經濟學獎得主顧志耐（Simon Kuznets）稱之為現代經濟成長（modern economic growth），以別於傳統偶然出現、不連續的技術進步所引起的短期成長。

現代經濟成長是人追求物質財富的熱忱和努力與技術持續進步的可能性結合在一起才會產生的結果。

二、儒家的經濟思想與倫理思想

說到儒家思想對利或富的態度，我們可以立刻想到《論語》所記載的「子罕言利，與命，與仁」（《論語‧子罕》）。關於「與命，與仁」的「與」字，學者有兩種不同的解釋。

傅斯年認為還是應當作聯結詞看，就是孔子少談利、命和仁；不過這不是我今天要談的問題。孔子少說利不表示他認為利不重要；重要的程度，會依不同的人而有差異，對一般老百姓而言，利當然很重要，既然對老百姓重要，對統治階層能不重要嗎？荀子說：「人之性惡，其善者偽也。今人之性，生而有好利焉，順是，故爭奪生而辭讓亡焉。」（《荀子‧性惡》）荀子以人性好利為性惡的證明。其實好利只是人的本性，人需要一點物質利益才能活下去，為了自己的利益去傷害別人的利益，如荀子所說的爭奪才是惡。如果為了自己的生存發展，在公平無傷的原則下，甚至懷著仁慈的心，經營自己的利益，就成了亞當‧史密斯所說的「審慎的美德」。

我國的大史學家司馬遷說：「富者，人之性情，所不學而俱欲者也。」又說：「天下熙熙，皆為利來；天下攘攘，皆為利往。」（《史記‧貨殖列傳》）

「子適衛，冉有僕。子曰：『庶矣哉！』冉有曰：『既庶矣，又何加焉？』曰：『富之。』曰：『既富矣，又何加焉？』曰：『教之。』」（《論語‧子路》）人口眾多後就增加他們的財富，財富增加後就加強他們的教育。孔子關心的不僅是經濟富裕，而且是文化豐盛，而他對文化豐盛可能更在意。《論語》「子之武城，聞弦歌之聲。夫子莞爾而笑，曰：『割雞焉用牛刀』。子游對曰：『昔者，偃也聞諸夫子曰：君子

學道則愛人，小人學道則易使也。』子曰：『二三子，偃之言是也，前言戲之耳。』」（《論語·陽貨》）

孔子的時代（西元前 551–479 年）大致在春秋最後三分之一，從孔子到孟子的戰國時期，由於井田制度廢除，土地私有，技術進步，包括鐵器農具的使用與畜耕的推廣，使農業生產力提高，農業剩餘增加，工商業隨之發達，也支持了一個新興的知識階級，就是士，以其學識與專業謀生，形成一個學術上百家爭鳴的時代。工商業人口膨脹，使城市的數目增加，規模擴大，城市功能從行政中心向工商業中心及文化中心發展。「趙奢曰：『西周及春秋時，城雖大，無過三百丈者；人雖眾，無過三千家者。今千丈之城，萬家之邑相望也❸。』」戰國時期最大的城市齊都臨淄，面積約 20 平方公里，人口約 35 萬人。蘇秦說齊宣王曰：「臨淄之中七萬戶，臣竊度之，不下戶三男子，三七二十一萬，不待發於遠縣，而臨淄之卒，固已二十一萬矣。臨淄甚富而實，其民無不吹竽鼓瑟、彈琴擊筑、鬥雞走犬、六博蹹踘者；臨淄之塗，車轂擊，人肩摩，連袵成帷，舉袂成幕，揮汗成雨，家殷人足，志高氣揚。」（《史記·蘇秦列傳》）

香港浸信會大學薛鳳旋教授在他的近著中說，大約西

---

❸ 語出《戰國策》，轉引自侯家駒，《中國經濟史（上）》，臺北，聯經出版公司，2005 年，頁 136。

元前 400 年，城市人口約為人口的 35%，「比中國日後各朝代明顯高出很多❹。」可惜這段時期的技術進步終未能取得連續的性質，而當時社會也缺少獎勵自利追求的機制，以致現代經濟成長要等待 2 千多年才在工業革命後的西歐出現。

儒家對統治階層，主張德本財末、義重利輕，正是重視人民利益的表示。其實人民富有政府自然富有，人民貧窮政府向誰收稅？所以有若對魯哀公說：「百姓足，君孰與不足？百姓不足，君孰與足？」（《論語・顏淵》）老百姓富足，政府還怕沒有錢用嗎？

至於儒家思想中士君子對財富的態度，孔子說：「富與貴，是人之所欲也，不以其道得之不處也。貧與賤，是人之所惡也，不以其道得之不去也。」（《論語・里仁》）又說：「富而可求也，雖執鞭之士，吾亦為之；如不可求，從吾所好。」（《論語・述而》）又說：「飯疏食，飲水，曲肱而枕之，樂亦在其中矣。不義而富且貴，於我如浮雲。」（《論語・述而》）人無富（經濟價值）、貴（社會價值）一樣可以幸福，因為人生尚有更重要的價值，這是儒家思想對現代資本主義文化最可能有貢獻的地方。

---

❹　薛鳳旋，《中國城市及其文明的演變》，香港，三聯書店，2009年，頁 112。

三、價值分散、平衡才能成就幸福人生

以自利為驅動力，在科技不斷進步的條件下，的確促成了持續不斷的經濟成長。經濟成長使人可支配享受的資源增加，生活水準提升，個人意志從傳統物質和制度的束縛中得到釋放。人生態度從消極默從 (passivism) 轉變為積極進取 (activism)，從集體主義 (collectivism) 轉變為個體主義 (individualism)，從曲己從人達成群體的任務，轉變為伸張自我，追求個人的目標。諾貝爾經濟學獎得主路易斯 (W. Arthur Lewis) 說，經濟成長不能讓人更快樂，但可以讓人有更多自由。

然而過分重視自利與成長，社會風尚唯利是圖，而經濟利益常與社會利益相連接。不但財富有助於社會地位的取得與名聲的建立，而且社會地位與聲望亦有助於財富的增加。亞當・史密斯在《道德情操論》中說，人們對社會地位的嚮往，往往比對經濟利益的熱衷更強烈。在現代成長文化中，財富和權勢成為社會的主流價值，其他一切人生價值包括公平、仁慈的利他關懷和精神上的獨立、自主，都失去重要性。倫理崩壞，社會沉淪，快速、持續的經濟成長未能為人生帶來幸福，反而導致資源耗竭，自然環境惡化，日愈威脅人類的生存。

在企業經營方面，弊端頻傳，2001 年 12 月美國爆發

安隆 (Enron) 醜聞，2002 年 6 月又發生世界通信 (WorldCom) 醜聞。2002 年 7 月，美國參眾兩院迅速通過**沙賓法 (Sarbanes-Oxley Act)**，加強公司治理、社會監督。美國企業是否會從此弊絕風清、規規矩矩經營？學者多半認為不會。

麻省理工學院 (MIT) 的梭羅 (Lester Thurow) 教授說，企業醜聞是資本主義經濟的常態而非異數。每當繁榮結束，好景已成過去，企業為達財務目標，符合分析師預期，往往玩弄會計技巧，掩蓋真相，希望度過難關，等待復甦。終致愈陷愈深，難以自拔。審核會計師受人聘雇，很難不予配合。梭羅說，那些為防弊端發生而制定的新法規，猶如還在打上次戰爭的將軍，可惜下次弊端會從新的漏洞出現。哈佛大學的羅伊 (Mark Roe) 教授也說，如果歷史可以告訴我們沙賓法之類改革的後果，我們就會知道，我們會解決當前的問題，或將損害減少到可以控制的程度，但假以時日又會在其他不同地方，發生不同的問題。

我們由此自然會想到孔子所說的：「道之以政，齊之以刑，民免而無恥；道之以德，齊之以禮，有恥且格。」《論語・為政》一國的文化如果太重視功名利祿，金錢權勢，缺少倫理節制，則不論法規制度如何健全，道高一尺，魔高一丈，企業弊端總是會不斷發生。美國如此，臺灣也一樣。根本的解決之道是一方面加強倫理，使企業在倫理的

規範下作生意，一方面分散社會所鼓勵的價值，減少對金錢權勢的追逐。這就要多借重儒家思想。

其實人並不是只關心自己的利益，不關心別人。正如亞當‧史密斯所說的，人有利己之心，也有利他之心。由於利己，所以追求所得與財富，我稱之為經濟價值，也追求地位與名聲，我稱之為社會價值；由於利他，所以心存公平和仁慈，我合稱為倫理價值。除了功名利祿、金錢權勢的世俗價值之外，自利之心也可從精神價值得到滿足。精神價值是內心所營造的精神世界，不假外求。也就是范仲淹所說的「不以物喜，不以己悲」(〈岳陽樓記〉)的精神。蘇東坡說：「以見余之無所往而不樂者，蓋遊於物之外也。」(〈超然臺記〉)

傳統停滯時代，社會文化重視倫理與精神；現代成長時代，社會文化重視物欲和權勢，以致導致當前各種社會與環境的弊端。在儒家思想的價值體系中，倫理價值和精神價值居於優先的地位。財富和權力雖誘人，但不能放棄倫理原則去追求。孔子說：「君子謀道不謀食。耕也，餒在其中矣；學也，祿在其中矣。君子憂道不憂貧。」(《論語‧衛靈公》)孔子在蔡絕糧，他的得意弟子子貢勸他說：「夫子之道至大也，故天下莫能容夫子，夫子蓋少貶焉。」孔子聽了很不高興，責備他說：「賜，良農能稼而不能為穡，良工能巧而不能為順。君子能修其道，綱而紀之，統而理之，

而不能為容。今爾不修爾道，而求為容。賜，爾志不遠矣。」（《史記・孔子世家》）說到精神價值，孔門弟子有人做官，有人經商，但也有顏回和原憲在陋巷，貧而樂道。孔子重視做人的品質，子曰：「君子義以為質，禮以行之，孫以出之，信以成之。君子哉！」（《論語・衛靈公》）有質還要有文，「質勝於文則野，文勝於質則史，文質彬彬，然後君子。」（《論語・雍也》）有了君子的品質，世俗的成就只是餘事。

　　現代成長擴大了世俗價值的供應，但理想的社會價值應分散與平衡。價值分散、平衡，人民的選擇才會動靜進退得宜，成就幸福人生。政府政策、社會文化不能只鼓勵人民賺錢和做官。功利的世界有窮盡，所以爭奪不休，有爭奪就有罪惡。而且個人不論多麼努力，總是少數人得到，多數人得不到。人人努力只有讓競爭更激烈，人生更痛苦。然而倫理和精神的世界無限寬廣，大家都可以悠遊其中。所以孔子最欣賞顏回的話：「夫子之道至大，故天下莫能容。雖然，夫子推而行之，不容何病？不容然後見君子。夫道之不脩也，是吾醜也，夫道既已大脩而不用，是有國者之醜也。不容何病？不容然後見君子。」（《史記・孔子世家》）

儒家思想與現代經濟成長

2010 年 6 月 5 日，臺北，「海峽兩岸儒學交流研討會」
專題演講。

　　海峽兩峽儒學專家齊聚臺北，討論「儒學的核心價值與普及」，真是群賢畢至。

　　孔孟學會推派我在開幕時演講，讓我受寵若驚。大陸的學者可能不知道，我的專業是經濟學，過去在大學教經濟學，在政府工作時負責的是經濟研究和經濟計劃。今天要在各位碩學鴻儒面前講經論道，覺得有一點不自量力。三十多年前我在一次講習會上遇見本會故會長陳立夫先生，陳立夫先生對我說：「你來談經濟，我來講道德。」道德是君子立身處世之本，當然優先於經濟，可惜這些年全世界經濟掛帥，道德沉淪，令人憂心。

　　很多人認為我國儒家思想重視倫理不重視財富，所以現代經濟成長不出現於中國，資本主義重視財富不重視倫理，所以經濟成長發生很多弊端。這話雖然不是很準確，但是也頗符合歷史的現實。如果我們將現代經濟制度加上倫理，則經濟發展一定會有更好的成就。這也是儒學對當前世界可以產生的重大貢獻。

一、儒學的核心價值

　　我想先談談儒家對財富的態度。我覺得我們不能籠統的講，而是應分成三方面，就是人民、政府官員和儒者自己。

　　對人民而言，財富當然重要。孔子適衛，看到衛國人

口眾多,曰:「富矣哉!」弟子冉有問他:「既庶矣又何加焉?」他說:「富之。」再問:「既富矣又何加焉?」他說:「教之。」(《論語・子路》)使人民富裕是政府施政的重要目標。財富對人民重要,政府負責任的高官當然要重視,但應重視的是增加人民的財富,不是聚斂政府和自己的財富。所謂「德者本也,財者末也。外本內末,爭民施奪。是故財聚則民散,財散則民聚。」(《大學》)又說:「孟獻子曰:『畜馬乘,不察於雞豚。伐冰之家,不畜牛羊。百乘之家,不畜聚斂之臣,與其有聚斂之臣,寧有盜臣。』此謂國不以利為利,以義為利也。」所以冉求為季氏聚斂,孔子很生氣,曰:「非吾徒也!小子鳴鼓而攻之可也。」(《論語・先進》)

至於對儒者而言,財富雖好,但必須符合原則才接受,否則寧願沒有財富,沒有也不要緊,因為人生還有比財富更重要的價值。孔子說:「富與貴是人之所欲也,不以其道,得之不處也;貧與賤是人之所惡也,不以其道,得之不去也。」(《論語・里仁》)又說:「飯疏食,飲水,曲肱而枕之,樂亦在其中矣。不義而富且貴,於我如浮雲。」(《論語・述而》)孔門高弟有「家累千金」的子貢,也有「一簞食,一瓢飲,在陋巷」不改其樂的顏回,和匿居鄉野「不厭糟糠」的原憲。

在孔子的時代,農耕是所得的主要來源,所得累積而為財富。當時人力相對於土地稀少,所以各國招來人口以

闢土地，增加生產。當時雖然也有工商業，但是還沒有現代生產的觀念。生產是經濟價值的創造。一切經濟價值，甚至一切價值（包括非經濟價值），來自人欲望的滿足。欲望滿足產生效用，效用產生價值。農業和工業固然創造了新增的經濟價值，現在叫做「附加價值」(added value)，商業改變商品供給的時間和空間，使其效用提高，價值增加，同樣創造了附加價值。可惜這樣簡單的道理要等兩千多年大家才明白。

我們中國多年來輕商，因為不知道商業是生產性的。在西方，重農主義以為只有地裡長出糧食才是生產，重商主義以為經由對外貿易，賺到金銀財寶才是生產，直到 18 世紀亞當·史密斯 (Adam Smith) 的《國富論》出來，才知道勞力所生產供我們享用的必需品和便利品是財富。再後來才知道這些必需品和便利品是因為能滿足我們的欲望，我們願意花錢去買，才產生價值。

一國的生產能量，最後決定於這個國家的技術條件。在一定的技術水準下，受到經濟學「邊際報酬遞減」(diminishing marginal returns) 的限制，其所能生產的總價值有一最大限額，到此限額後不論勞力或資本怎樣增加，都不能使總產量增加。有個比喻說：「如果沒有『邊際報酬遞減』的現象，我們可以在一個花盆中，生產出全世界所需要的糧食」。國人追求財富的努力，以及引導國家菁英人

才追逐財富，可能導致創新，使技術水準提升，國家所能生產的總產量增加，但持續不斷的技術進步使總產量與人均產量或所得持續不斷增加，是現代科技研發出現以後才有的現象。這種現象就是「現代經濟成長」。因此儒家重視財富但不鼓勵熱心追求財富，正符合當時的技術條件。不顧技術條件的限制，對財富過分熱衷，不但使個人更不滿足，而且引起社會爭奪不安，以致倫理不容易維持。

雖然孔子博學多能，「多能鄙事」，又懂得各種技藝（《論語・子罕》），但是我們不能認為在他那個時代，有人知道經濟成長，技術進步，更不用說技術進步與經濟成長之間的關係。《論語》樊遲請學稼，孔子說他不如老農，請學圃，他說不如老圃。孔子說：「上好禮則民莫敢不敬，上好義則民莫敢不服，上好信則民莫敢不用情。夫如是，則四方之民襁負其子而至矣！焉用稼。」（《論語・子路》）孔子更重視的是禮樂教化，「子之武城，聞弦歌之聲，夫子莞爾而笑曰：『割雞焉用牛刀？』子游對曰：『昔者偃聞諸夫子曰：君子學道則愛人，小人學道則易使也。』子曰：『二三子，偃之言是也，前言戲之耳！』」（《論語・陽貨》）

儒家所追求的是完美的人格，成就才德兼備的君子，「用之則行，舍之則藏」，有機會就「出仕」為國家做事，為百姓謀福利，沒有機會就獨善其身，憑著高潔的人格和豐厚的學養，一樣可以自得其樂，活出人生的價值。這就

是我在前面所說的：人生還有比財富（比功名利祿）更重
要的價值。

我對我國儒學發展並無深入的研究，甚至不能說有研
究，最近恰好讀過余英時《中國文化史通釋》（香港，Oxford
University Press, 2010）第三章〈近世中國儒教倫理與商人
精神〉，余先生認為：大體來說，自漢至宋，儒學思想對商
業與商人保持消極甚至否定的態度。宋代的朱熹認為經商
致富足以害道，對於子弟經商只給予維持衣食無虞的最低
限度。明代的王陽明雖然說：「古者四民異業而同道」，但
又說治生「不可以之為首務，徒起營利之心。」只有「調停
得心體無累」，我猜想就是對金錢不放在心上，才能「不害
其為聖為賢」。15、16 世紀中，中國市場經濟活躍，越來
越多人「棄儒入賈」，他們「以義制利」，以正當化營利的
行為，使賺錢合於「道」，而賺了錢從事公益活動，覺得並
不是只有「治國平天下」才有貢獻，商人一樣可以對社會
有貢獻。

其實商業和工業都是生產事業，生產事業創造經濟價
值（所得與財富），提供就業，讓大家有工作，有飯吃，有
錢花，就是很大的貢獻，用不著另外找理由。2001 年我在
山東聊城「山陝會館」看到一幅對聯：

「非必殺身成仁，問我輩誰全節義；

　漫說通經致用，笑書生空談春秋。」

商人一樣有高潔的人格。「山陝會館」位於古運河之畔，為清初山陝商人所建，正殿供奉關聖帝君，關羽忠義誠信正是正派商人仰望的典型。

二、公平與現代經濟成長

接著我想說資本主義。說到資本主義，大家可能會立刻想到資本主義經濟第一位理論大師亞當・史密斯 (Adam Smith) 的名言：每個人追求自己的利益，冥冥中如有一隻看不見的手，帶領達成社會全體的利益，而且比蓄意達成社會利益更有效。這就是史密斯的私利公益調和學說。

為什麼追求自利可以達成公益？在什麼條件下追求自利才可達成公益？難道為了自己的利益去搶劫、欺騙，也可以達成公益嗎？當然不是！

史密斯在其《道德情操論》(*The Theory of Moral Sentiments*, 1759) 中指出，人性有利己的成分，也有利他的成分。利己讓我們追求財富以及社會地位與名聲，由此引申出「審慎的美德」(virtue of prudence)。為什麼追求自己的利益會成為美德？因為人要生存發展，不能不有一點物質財富，而人在社會中需要被認同、被肯定，有一點地位和影響力，才會覺得活著有尊嚴、有價值。利他出於同情，看到別人幸福感到欣慰，看到別人不幸感到悲哀，由此引

申出公平的美德 (virtue of justice) 和仁慈的美德 (virtue of beneficence)。公平是不減少別人的利益，仁慈是增加別人的利益。史密斯的同情很像孟子的惻隱之心；惻隱之心人皆有之。然而利己之心強烈，利他之心薄弱，這是人性的本能。就像孟子所說的「惻隱之心仁之端也」，但是「苟能充之，足以保四海，苟不充之，不足以事父母。」(《孟子‧公孫丑》)所以史密斯寧願藉助利己的努力去達到利他的目的。這是史密斯思想和中國儒家最大的不同。用現在流行的話說：「真是顛覆了傳統的想法。」

在利他的美德中，公平是積極的義務，必須要求；仁慈是非積極的義務，只能期待。社會如能進入仁慈的境界，當然很好，但是最重要的是公平。公平才能和諧無爭，使社會在安定和秩序中產生效率。史密斯《國富論》(*An Inquiry into the Nature and Causes of the Wealth of Nations*, 1776) 中的經濟理論建立在公平的基礎上。每個人在追求自己利益的過程中，如果未傷害到任何其他人的利益，則唯有為社會創造了新增的利益，自己才可能得到利益，而他所創造的利益，才是社會淨增加的利益。

企業家募集資本，僱用生產因素，購買機器設備、原料和材料，從事生產，他所創造的經濟價值，也就是產值，減去所支付的成本，包括機器設備的折舊、原材料的價款，和各種生產因素的報酬如地租、利息、工資等，如果還有

剩餘，就是他的利潤，否則就發生虧損。因此，如果這位企業家在生產過程中，公平對待所有參與者，利潤的多少就反映他經營效率的高低和對社會貢獻的大小。

任何生產事業，不論工業和商業，必須為社會創造增加的價值，自己才能從中取得一部分作為利潤。市場上的競爭汰弱存強，使社會有限的資源流入效率最高因而利潤最大的事業，使所有生產事業創造的總產值最多。因此我們不必每天想著如何利他，如何對社會有貢獻，只要努力而又公平無欺的追求自己的利益，就可以有效成就社會的利益。亞當‧史密斯說：「我們得到晚餐，並非由於屠宰商、製酒者和麵包師傅的恩惠，而是由於他們認為對他們自己有利。」這是何等簡單有效的機制，不過如果生產者和享用者都存著感恩的心，社會就更美好了。

在資本主義制度下，個人追求自己的利益，結果促進了社會的利益，使經濟持續成長，其所需要的技術條件，就是 17 世紀於歐洲興起的現代科學和 18 世紀從英國開始的工業革命。工業革命提升了生產技術的水準，而科學研究的成果使技術取得持續進步的可能性。有持續不斷的技術進步，才有持續不斷的經濟成長，就是所謂「現代經濟成長」。這是中國在追求現代化以前所沒有的現象。史密斯在其《國富論》中比較富裕和進步的不同。他認為當時的中國雖然比歐洲富有，但卻沒有進步，他說的進步

(progress) 就是今天所說的經濟成長。

　　史密斯所說的公平近似儒學所說的義。個人在追求自利的過程中維持公平的原則，猶如明代士人「棄儒入賈」所強調的「以義制利」。不過「以義制利」是將義和利看作對立的兩件事，這種想法是因為不了解工商業都是創造經濟價值的事業，利是基於義的原則從事生產所創造的結果。不過務實的亞當・史密斯對人的利他意志並不是很有信心，他寧願讓市場發揮維持公平的作用。企業生產過程中，不論是購買原材料、出售貨物或勞務、借錢、租房子、聘僱員工，都各有其市場決定買賣雙方皆可接受的價格。不過市場並不是都公正可靠；有時候會被壟斷或操縱。我們如果太鼓勵追求自利，有時候會犧牲公平。所以孔子說：「放於利而行，多怨。」（《論語・里仁》）讓利牽著鼻子走，以致侵犯到別人的利益，當然會引起怨恨，甚至發生衝突，讓大家都受到傷害。

　　此外，生產活動對自然環境的影響，以及自然資源耗竭的問題，在史密斯的時代尚未受到重視，然而孟子已經注意到了。孟子說：「數罟不入洿池，魚鱉不可勝食也；斧斤以時入山林，材木不可勝用也。」（《孟子・梁惠王》）又說：「牛山之木嘗美矣，以其郊於大國也，斧斤伐之，可以為美乎?」（《孟子・告子》）孟子所說的都是再生性自然資源利用的問題，必須給予再生的時間，不能「竭澤而漁」，

孟子所說的也是缺少所有權的公共財使用問題。由於無人
主張所有權,所以缺少市場和價格節制,只有靠倫理或外
在的規範來約束。

三、儒家思想對現代社會的貢獻

如前面所述,一切價值來自人心欲望的滿足,利己之
心和利他之心都產生價值。按照亞當‧史密斯人生三美德
的說法,財富可稱為經濟價值,地位和名聲可稱為社會價
值,兩者合稱世俗價值;公平和仁慈可稱為倫理價值。

人的行為一方面受價值引導,一方面受規範約束。社
會的價值系統 (value system) 如果對各種價值有平衡的安
排,使社會分子在追求功名利祿、世俗價值同時也重視倫
理價值,社會就可以在富裕進步中,維持和諧,增進幸福。

然而在當前全世界熱衷於追求快速經濟成長的文化
中,經濟成就被置於最優先的地位,經濟價值高於一切,
倫理價值日愈退居不重要的地位;追求財富,不擇手段,
弊端就會不斷發生。在這種情形下,自利不能充分達成公
益的目的,利潤也不能完全反映對社會的貢獻,這次世界
金融危機就反映了這樣一種情況。2008 年 9 月美國雷曼兄
弟破產後,眾院政府改革監督委員會主席魏克曼 (Henry
Waxman) 責問雷曼執行長傅德 (Richard Fuld) 說:「如今你
的公司破產,我們國家陷入危機,你自己卻弄到 4 億 8 千

萬美元。我問你一個基本問題：這樣算公平嗎?」

晚近講企業倫理強調企業社會責任，所謂企業社會責任是說，企業不僅要追求企業所有主亦即股東的利益，也要照顧其他利害關係者的利益，這些其他利害關係者包括顧客、員工、生意上下游夥伴、社會與自然環境。其他利害關係者的利益誠然要維護，其實這就是公平以及不傷害(do no harm)的原則。然而我們看近年重大的企業弊案，不論美國的安隆(Enron)案、世界通信(Worldcom)案，或臺灣的力霸案、博達案，受到傷害的都是廣大的股東和投資人，以及由於授信而受到拖累的金融機構。

2001年12月安隆案爆發後，美國國會於2002年7月迅速通過沙賓法(Sarbanes-Oxley Act)，加強內部和外部監督，臺灣也修改公司法，設置獨立董事，加強公司治理。企業經營是否從此可以弊絕風清?答案大家都知道:「不可能」。美國麻州理工學院的梭羅(Lester Thurow)教授說過一個很好的比喻：那些為了防範弊端發生所設計的法規，就像還在打上一場戰爭的將軍，這些法規如果存在，今天的弊端就不會發生，但不會防止明天的弊端，因為明天的弊端會從新的漏洞出現。外來法規的節制雖重要，但更重要的是內心對倫理價值的堅持，讓我們有所不為。這正是儒家思想對當前這個功利社會能夠做出重大貢獻的地方。

然而傳統儒家思想進入現代社會是否也有可以檢討的

地方? 兩千五百多年前,齊景公想要重用孔子,晏嬰勸止,
有下面一段話:「夫儒者滑稽而不可軌法; 倨傲自順,不可
以為下; 崇喪遂哀,破產厚葬,不可以為俗; 遊說乞貸,
不可以為國。自大賢之息,周室既衰,禮樂缺有間。今孔
子盛容飾,繁登降之禮,趨詳之節,累世不能殫其學,當
年不能究其禮。君欲用之以移齊俗,非所以先細民也。」(《史
記・孔子世家》)

　　我讀《論語》不覺得孔子是這樣的人。然而司馬遷的
父親司馬談也說:「儒者博學而寡要,勞而少功,是以其事
難盡從; 然其序君臣、父子之禮,列夫婦、長幼之別,不
可易也。」(《史記・太史公自序》)

　　然而現代社會畢竟和古時候大不同了。現代經濟成長
不但改變了我們的物質生活,也改變了我們的社會結構和
人際關係。親族鄉黨之間的來往日疏,非親近者之間的關
係日密,所以多年前李國鼎先生提倡「第六倫」,就是個人
和陌生人,不認識的個人和大眾之間的倫理。傳統倫理應
亦有所變以適應社會發展的需要。

朱子家禮與現代社會倫理

2009 年 7 月 16 日，臺北，「兩岸朱子學與現代社會倫理研討會」引言報告；發表於《臺灣大學人文社會高等研究院院訊》，2009 年冬季，卷 4，期 4，頁 31–36。

一、禮的意義與功能

　　禮是指導人生社會行為的原則、規範和儀式。規範根據原則，而藉儀式加以彰顯與鞏固。禮的作用在於建立秩序以維護社會的安定與和諧，社會安定和諧才會發揮效率，人民才會安居樂業，得到幸福。

　　孔子曰：「丘聞之，民之所由生，禮為大。非禮無以節事天地之神也，非禮無以辨君臣上下、長幼之位也，非禮無以別男女父子兄弟之親、婚姻疏數之交也；君子以此為尊敬也。」（《禮記・哀公問》）而司馬光在《資治通鑑》一開頭就說：「臣聞天子之職莫大於禮，禮莫大於分，分莫大於名。何謂禮？紀綱是也。何謂分？君臣是也。何謂名？公、侯、卿、大夫是也。」（《資治通鑑・周記一》）

　　簡單的說，禮就是規矩，分就是區分、辨別或分際；名是名稱，是什麼就是什麼。名稱既定，各按其分，則社會秩序井然，天下大定。所以《論語》子路問孔子曰：「衛君待子而為政，子將奚先？」子曰：「必也正名乎！」（《論語・子路》）又齊景公問政孔子，孔子曰：「君君，臣臣，父父，子子。」公曰：「善哉！信如君不君，臣不臣，父不父，子不子，雖有粟，吾得而食諸？」（《論語・顏淵》）

　　不過名分要靠禮來維護，在健全的禮法制度下，人不敢逾越分際。司馬光指出，周室雖地小、人寡，「然歷數百

年，宗主天下，雖以晉楚齊秦之強不敢加者」（《資治通鑑‧周記一》），因為名分猶存。魯國有權臣季氏、齊國有權臣田常、楚有白公、晉有智伯，「其勢皆足以逐君而自為，然而卒不敢者，豈其力不足而心不忍哉？畏奸名犯分而天下共誅之也。」（《資治通鑑‧周記一》）

我想再增加兩個例子：

第一個例子是楚莊王八年（西元前 606 年），楚王陳師洛水，觀兵於周郊，問鼎之大小輕重，曰：「楚國折銅鈎之喙，足以為九鼎。」周使王孫滿答覆他「在德不在鼎。」又說：「周德雖衰，天命未改，鼎之輕重，未可問也。」楚王乃歸（《史記‧楚世家》）。

第二個例子是曹操。曹操於漢獻帝建安十三年（西元 208 年）為丞相，十八年（西元 213 年）晉魏公，加九錫，二十一年（西元 216 年）晉魏王；上欺天子，下壓群臣，獻帝早成為他的傀儡。二十四年（西元 219 年）孫權「上書稱臣於操，稱說天命。」操以書示外曰：「此兒欲踞吾著爐火上邪！」侍中陳群等建議說：「漢祚已終，非適今日。殿下功德巍巍，群生注望，故孫權在遠稱臣。此天人之應，異氣齊聲，殿下宜正大位，何復疑哉！」操曰：「若天命在吾，吾為周文王矣。」（《資治通鑑‧漢記六十》）

司馬遷著〈禮書〉，曰：「人道經緯萬端，規矩無所不貫，誘進以仁義，束縛以刑罰，故德厚者位尊，祿重者寵

榮，所以總一海內而整齊萬民也。」（《史記‧禮書》）司馬遷這段話很接近現代「社會資本」的概念，或者根本就是古代中國的「社會資本」。任何社會都有其「誘因制度」(incentive system)，一方面引導、一方面約束人民的行動，使其為社會全體的目的而努力。誘因制度能否發揮作用，發揮到什麼程度，還要靠社會上的各種組織如政府和家庭，以及建立在這些組織之上、使「誘因」發揮作用的「實施機制」(enforcement mechanism)。禮書以仁義為誘因，是儒家所嚮往的理想。然而社會並非只有一種誘因制度，司馬遷以財富為誘因。他說：「富者，人之性情，所不學而俱欲者也。」（《史記‧貨殖列傳》）以財富為誘因，正是現代西方資本主義的經濟思想。只不過在現代科學發生、英國工業革命之前，並無持續不斷的技術進步，所以不可能導致現代經濟成長。

二、朱子家禮

朱子曰：「凡禮有本，有文。」本是根本、是實質，文是外表、是形式。然而基本上實質重於形式。孔子說：「人而不仁如禮何？」（《論語‧八佾》）又說：「居上不寬，為禮不敬，臨喪不哀，吾何以觀之哉？」（《論語‧里仁》）子貢問喪。子曰：「敬為上，哀次之，瘠為下。」（《禮記‧雜記》）子路曰：「吾聞諸夫子，與其哀不足而禮有餘也，不若禮不

足而哀有餘也。」(《禮記‧檀弓》) 仁、敬、哀都是實質，表現出來的禮只是形式。所以當孔子說「繪事後素」(先有粉地然後繪上顏色)，子夏馬上聯想到「禮後乎?」孔子稱讚他說：「起予者商也! 始可與言詩已矣。」(《論語‧八佾》)

不過我們讀《禮記》，看到對婚喪祭典，甚至家居生活種種複雜繁瑣的規定，以現今的生活背景實在沒有辦法做到，很多地方例如從什麼地方進場、什麼地方出場、站在什麼方位、講什麼話、什麼時候哭、什麼時候不哭、哭到什麼程度，都有所要求，現代人很難瞭解為什麼要如此。恐怕古時候也只有特殊階級的人才有條件做到。孔子36歲居齊，得到齊景公欣賞，欲以尼谿田封孔子，為晏嬰所阻。晏嬰曰：「夫儒者滑稽而不可軌法，倨傲自順，不可以為下；崇喪遂哀，破產厚葬，不可以為俗……。今孔子盛容飾，繁登降之禮，趨詳之節，累世不能殫其學，當年不能究其禮，君欲用之以移齊俗，非所以先細民也。」(《史記‧孔子世家》)

南宋大儒朱熹生於1130年，距孔子的時代已經1,600餘年。房舍、器物、衣著和起居出入的生活型態都已發生很大變化。禮儀合於古者，未必宜於今。朱子「究觀古今之籍，因其大體之不可變者，少加損益」撰《朱子家禮》四卷，藉以表現古人「修身齊家之道、謹終追遠之心」，希望對國家的「崇化導民」有所幫助。他所根據的原則主要

為務本略文。本是「謹名分、崇敬愛」，文是冠、婚、喪、祭的各種儀式規定。

《朱子家禮》從卷一到卷四的安排依序為〈通禮〉、〈冠禮〉、〈婚禮〉與〈喪禮〉。

㈠卷一──〈通禮〉。包括兩部分，一部分是祠堂設置，年初一、每月初一、十五和節日的祭拜，以及家人外出歸來和家庭重大事件的告祝有關的儀式。祠堂置於篇首，表示「報本反始之心、尊祖敬宗之意。」第二部分是規範傳統大家庭長幼尊卑的相處之道，子事父母、婦事舅姑、晨昏定省之禮；財產制度：子婦不得蓄私財，沒有獨立的經濟地位，個人只是家庭的一部分，甚至沒有獨立的人格。

㈡卷二──〈冠禮〉。男年十五到二十而冠，女年十五而笄，表示長大成人，將承擔人生必須面對的各種社會責任。

㈢卷三──〈婚禮〉。男年十六到三十而娶，女年十四到二十而嫁，組織家庭，生養子女，延續宗族。加冠（笄）和婚嫁都是人生的重要階段，古禮與《朱子家禮》的儀式繁複沉重，雖然難行之於今日，但確應藉助隆重的儀式和親友的見證與祝福，以加強當事人的責任心，使之珍惜努力。

㈣卷四──〈喪禮〉。占全書 45% 的篇幅，有很多複雜的儀式和瑣細的規定，可能想藉以發揮「慎終追遠、民

德歸厚」的社會功能；另有一個理論說，讓喪家忙碌疲乏
以減少哀痛。今日看來很多都無法做到，也看不出有如此
做的必要。其中妻子婦妾披髮，男子徒跣（赤足），諸子三
日不食，親戚鄰里進以糜粥，尊長強之，使少食，不免予
今人虛假的感覺。死者已矣，留下來的家人還要過日子，
往生的人可能也不希望家人如此悲傷。當然這可能只是現
代人的想法。宰我質疑三年之喪，孔子曰：「食夫稻，衣夫
錦，於女安乎？」曰：「安。」曰：「女安則為之。夫君子之
居喪，食旨不甘，聞樂不樂，居處不安，故不為也。今女
安，則為之。」（《論語·陽貨》）

三、現代社會倫理與社會資本

　　18 世紀西方工業革命以後，工商業興起，經濟發展，
引起都市化以及社會結構和家庭組織的改變。個人走出家
庭，邁向陌生的世界，從消極默從 (passivism) 轉變為積極
進取 (activism)，從集體主義 (collectivism) 轉變為個人主義
(individualism)，從曲己從人、達到群體的任務，轉變為伸
張自我、追逐個人目標。個人自主與自由意志的伸展，在
有利的社會環境中，發揮創造力，提高生產力，使經濟不
斷成長。

　　2003 年世界銀行《世界發展報告：動態世界中的永續
發展》(*World Development Report: Sustainable Development*

in a Dynamic World) 有下面一段觀察:「過去 150 年最重要的社會、經濟和文化變革是從閉塞、排外、墨守習慣的農村社會，轉變為開放、包容、創新為念的都市社會❶。」世界銀行的報告說:「人口從農村移居都市歷經以下四個階段，即不同背景的人一起來到都市之初的成形期 (forming)，他們因不同理念而彼此衝突的風暴期 (storming)，不斷演進，漸為眾人接受的規範期 (norming)，以及建設行為取代破壞行為的成就期 (performing)。結果使都市成為一個中心，不同的文化價值在此聚集，共同發展相容的價值，以配合不同的理念，為不同的次社群 (subgroups) 提供專業與創新的空間❷。」

英哲亞當・史密斯 (Adam Smith) 在他的《道德情操論》(*Theory of Moral Sentiments*, 1759) 中早就指出: 在法律和制度的發達尚不足以周全保護人民安全和利益的農牧社會，同一家族的不同分支通常傾向於聚居在一起，以建立共同的對外防禦。他們彼此互相依靠，和諧增加他們之間的合作，分歧使他們的關係削弱，甚至受到傷害。他們之間的交往多於和其他族群之間的交往，同一族群中不管多麼疏遠的成員也主張和其他成員有一定關係，希望得到

---

❶　The World Bank, *World Development Report: Sustainable Development in a Dynamic World*, 2003, pp. 5–6。

❷　同❶，p. 199。

與眾不同的對待。

但在法規制度已發達到相當程度足以保障甚至最卑微之人的現代商業國家 (commercial countries)，同一家族的後裔，不再有聚集而居的動機，自然隨了利之所在或興之所至而散居各地。用不了多久，他們不僅彼此失去關懷，也不記得原屬同一來源，以及他們的祖先之間的關係。文明越發達，家族之間的關係越疏遠。史密斯說，親情在英格蘭較在蘇格蘭疏遠，雖然蘇格蘭的文明程度日漸趨上英格蘭的水準。

史密斯甚至認為父子兄弟之間親情只是慣性的感應，由於居住在同一屋頂下共同生活而產生，如子弟遠離、兄弟分散，情感隨之淡薄。他認為與人方便、自己方便的必要和利益，增進了我們和工作上的同事、生意上的夥伴如兄似弟的情誼。鄰居們同住在一個社區也一樣。好鄰居有很多方便，惡鄰居有想不到的麻煩，自以和氣相處為宜。

1980 年代當時擔任行政院政務委員的李國鼎先生提出建立第六倫的主張。第六倫亦稱群我倫理，英譯社會倫理 (social ethics)，當然是相對於傳統五倫而言。二者主要的不同在於五倫有對應、互惠的成分，例如父慈子孝，兄友弟恭，夫妻有義，朋友有信，君使臣以禮，臣事君以忠。第六倫則缺乏對應、互惠的關係，而只是一種片面的義務，或縱有互惠的關係，但迂迴、遙遠與不確定，更不一定回

報到自己身上。因此個人行為造成的社會或環境成本由很多人，甚至整個社會、全體人類承擔。

李國鼎認為傳統社會個人重視五倫關係，往往以第六倫為犧牲，因為被犧牲的是沒有特定關係、不認識甚至根本不知道是誰的人，且每人損失輕微。社會必須走出五倫的特殊關係 (particularism)，進入第六倫的一般關係或普遍關係 (universalism)，現代化才能成形，也才能有持續的現代經濟成長 (modern economic growth)。

儒家倫理雖然重視五倫，但不以一般大眾為犧牲，而且主張尊重和創造他們的利益。孔子曰：「弟子入則孝，出則弟，謹而信，汎愛眾，而親仁，行有餘力，則以學文。」（《論語・學而》）孝和弟是五倫，謹而信是個人立身處世的修養，汎愛眾和親仁泛指對一般社會大眾的關懷。孟子稱許伯夷、伊尹和孔子一樣，「行一不義，殺一不辜，而得天下皆不為也。」（《孟子・公孫丑》）然而聖賢的理想和社會大多數人的行為模式往往不同，在不同時代有不同程度的不同，反映那個時代社會安定和諧的水平。因為人的行為一方面受價值 (values) 引導，一方面受規範 (norms) 約束，而價值和規範所以能夠發生作用，靠一套建立在各種組織之上的實施機制。價值、規範、組織和機制共同構成所謂「社會資本」。社會資本也可以說是一種制度、一種文化。

通常談到價值往往指做人的倫理原則或道德信念。然而廣義的價值指人生所嚮往追求的終極目標。價值源自人生的欲望。人有利己之心，也有利他之心。利己之心和利他之心都產生欲望，欲望的滿足產生效用，效用產生價值。利己之心所產生的價值包括經濟價值如所得與財富，和社會價值如地位、權勢和名聲，也就是傳統所說的功名利祿，可稱為世俗價值。利他之心所產生的價值為倫理價值，包括公平和仁慈兩個層次，公平是不傷害別人的利益，仁慈是增加別人的利益；做人至少不要傷害別人的利益，才不會引起衝突，自己也才會心安。

利己之心所追求的目的是孟子所說的人爵。利他之心所追求的目的是孟子所說的天爵。孟子說：「仁義忠信，樂善不倦，此天爵也；公卿大夫，此人爵也。古之人修其天爵，而人爵從之；今之人修其天爵以要人爵，既得人爵，而棄其天爵，則惑之甚者也，終亦必亡而已矣。」（《孟子・告子》）「古之人」是孟子所嚮往的理想社會的君子，「今之人」是他當時所處的現實社會，看起來不比今天的臺灣更好。

除了經濟價值、社會價值和倫理價值，我想再增加一項精神價值，代表一種不假外求、怡然自得、獨立自主的心境。這四種價值在我們心目中的重要性和優先次序構成我們的價值體系。假設經濟價值 (economic value) 為 EC、

社會價值 (social value) 為 SO、倫理價值 (ethical value) 為
ET、精神價值 (spiritual value) 為 SP，再設 H 代表人生幸
福，則

$$H = F(EC, SO, ET, SP)$$

就是說人生幸福是這四種價值的函數。每個人賦與不同價
值不同的重要性，即人各有不同的價值偏好，形成各自不
同的價值觀或人生觀；不同國家、不同時代，社會共同的
價值觀不同。

　　這四種價值並非完全獨立，彼此在某種程度內有互依
的關係。亞當‧史密斯在他的《道德情操論》中就曾指出，
財富有助於我們提高社會地位和聲望。戰國時期馮驩為孟
嘗君「市義」，使孟嘗君後來因而重新獲得權力，也就是以
經濟價值換取倫理價值，又以倫理價值換取社會價值。

　　孟子所處的戰國時期，工商業不發達，所以他講「人
爵」僅指「公、卿、大夫」所代表的社會價值；如果是現
代資本主義時期，他一定會說功名利祿，不僅包含社會價
值，也包含經濟價值。正如亞當‧史密斯所說，利己是一
種切身的感受；利他只是自身感受的投射。所以我們對利
己之心產生的經濟價值和社會價值感受強烈，追求熱切，
對利他之心產生的倫理價值感受薄弱,追求不是那麼熱切，
有時候會放棄。孟子也說「惻隱之心」只是「仁之端也」，
必須「擴而充之」方「足以保四海」，否則「不足以事父母」。

（《孟子‧公孫丑》）

　　因此倫理價值一方面必須通過教育和國家的教化系統，從小孩子時期開始陶冶、培育、仔細澆灌，使原始的芽苗茁壯成長，而且要有健全的制度和美好的文化予以維護支持。這種制度在古時候靠家庭、靠鄉黨、靠朝廷，所以先儒和朱子才會如此重視禮。然而在今天，工商業發達，社會組織日趨複雜，家庭制度日趨式微，傳統的五倫關係日趨淡薄，而資本主義文化以金錢利益掛帥，金錢有強大的誘力，必須建立廉能的政府、清明的司法、知恥的文化和重視倫理價值的教育系統和工商組織，形成豐厚的社會資本，方能有所成就，不是只有空言就可以生效的。

儒家思想與現代倫理

2010 年 1 月 8 日，臺北，「重整中華文化倫理道德兩岸文化論壇」論文。

　　這次兩岸文化論壇要探討中華文化倫理道德之新現實、新趨勢及新挑戰。倫理是人與人相處應遵守的原則，包括人與個人、與群體、甚至與環境之間的關係。因為人的行為影響環境，反過來影響人，因此人與環境的關係也包含在倫理之中。倫理的實踐是道德，倫理與道德大致為同義詞，常常相提並論，或交換使用。

　　倫理道德有兩個不同的層次，一般的層次是公平 (justice)，較高的層次是仁慈 (beneficence)。公平是不損及別人的利益，仁慈是增加別人的利益。仁慈又有不同層次的仁慈。

　　由於倫理是社會的產物，單獨一個人不發生倫理問題，所以隨著社會變遷，人際關係親疏遠近改變，倫理要求與道德標準隨之改變。本文主要探討從傳統經濟停滯時期進入現代經濟成長時期，社會變遷，倫理失序，我國傳統儒家思想對重建社會倫理、增進人民福祉具有的重要意義。

一、個人與社會

　　人組成社會後，個人與社會形成互為手段的關係。從個人看，社會是增進個人利益的手段，人在社會中才能分工合作，使生產力提高，物質福利增加；人在社會中才能有貢獻、有成就，因而得到地位與名聲，為人肯定，受人尊敬，感到自己重要。人有了社會才會消除因孤立而產生

的敵對、恐懼與緊張，並且從相處中獲得互助、情義與溫暖，感到人生幸福。社會提升了我們的生活，豐富了我們的生命，使我們從生物的境界，進入社會與文化的境界。

從社會看，個人是手段。社會調配、組織其組成分子，為達成社會的目的而努力。什麼是社會的目的？社會的目的就是社會全體個人長期最大的幸福。然而由於個人的目的可能有衝突，某甲福利增加，某乙福利可能減少，因此事實上社會的目的只能是最大多數人長期最大的幸福。個人的幸福來自社會的進步 (progress) 與安定 (stability)，而社會的進步包括經濟的富裕、政治的清明以及文化的豐盛。

社會為達到造福人民的目的，一方面利用價值作誘因引導人民選擇有利於社會安定與進步的作為；一方面利用規範約束人民的行為，以維持秩序與和諧，使社會安定，效率提高。由於人民追求物質財富與社會地位，所以社會所能提供的主要誘因就是利和名；我稱之為經濟價值和社會價值。

什麼是價值 (values)？價值就是人生追求的最終目的，一切價值都來自欲望的滿足，欲望的滿足產生效用，效用產生價值。人有利己的欲望，如財富、如地位；又如精神上的自由、自在、不假外求而怡然自得，我稱之為精神價值。人也有利他的欲望，也就是對他人的關懷之心所產生的價值，如公平和仁慈，我稱之為倫理價值。

　　經濟學中所說的價值常是商品的價值或財富的價值，社會學中所說的價值常是精神價值和倫理價值，企業家說到所屬事業的核心價值往往指一些倫理上的信條，其實都是我們所珍視、嚮往和追求的最後目的，都是源自我們利己或利他的欲望。

　　在我國歷史上，司馬遷強調財富對國家和個人的重要，以及經濟發展與國家富強的關係。他說：「《周書》曰：『農不出則乏其食，工不出則乏其事，商不出則三寶絕，虞不出則財匱少，財匱少而山澤不辟矣。』此四者，民所衣食之原也。原大則饒，原小則鮮，上則富國，下則富家……故太公望封於營丘，地潟鹵，人民寡。於是太公勸其女功，極技巧，通魚鹽，則人物歸之，繈至而輻湊。故齊冠帶衣履天下，海岱之間，斂袂而往朝焉。」(《史記・貨殖列傳》) 司馬遷也充分表達了他對春秋戰國以來企業家如范蠡、子貢、白圭……等人，創業致富的讚揚之意。每個人各有其成功的道理。他說：「貧富之道，莫之奪予，而巧者有餘，拙者不足。」(《史記・貨殖列傳》) 沒有人搶你，也沒有人平白無故給你，有能力就會發財，沒有能力只有窮困。又說：「是以無財作力，少有鬥智，既饒爭時，此其大經也。」(《史記・貨殖列傳》) 致富的基本原則是沒有錢靠勞力，錢不多動腦筋，錢多掌握時機。可惜他未能指出個人致富與國家經濟成長之間的關係。

　　然而 18 世紀英哲亞當・史密斯 (Adam Smith) 指出，每個人追求自己的利益，冥冥之中如有一隻看不見的手 (an invisible hand)，帶領我們達到全體的利益。史密斯說：「一個社會的年收入永遠等於其產業年產出的交換價值，更正確的說二者根本是同一件事。因此，當個人竭其最大努力投資於國內產業，並使該產業的年產值最大時，必然也使社會的年收入最大。通常他既無意去促進公益，也不知促進了多少。他優先投資於國內產業而非國外產業，是為了自己的安全。他如此經營企業以獲取最大的價值，是為了自己的利得。他在此一情況和在很多其他情況一樣，被一隻看不見的手帶領，達成原本無意達成的目的。他無意於此並非對社會不利，他追求自己的利益往往比有意促進社會的利益更能達成社會的利益。」

　　個人追求財富可以使經濟成長、社會富有。所以社會誘因鼓勵個人追求財富；社會誘因也鼓勵個人追求地位與名聲，鼓勵人為社會和國家服務，造福人群大眾。不過一切進步都建立在倫理的基礎上，如果倫理敗壞，規範失效，進步也無法維持。

　　春秋戰國時期可能是現代經濟成長出現前，中國歷史上經濟成長最快速的時期。這段時期中國從銅器時代進步到鐵器時代。由於井田制度廢除、土地私有、技術進步：包括鐵製農具的使用、畜耕的推廣，以及灌溉工程的興建，

使農業生產力提高。農業剩餘增加，工商業隨之發達，也支持了一個新興的知識階級，就是士，以其學識和專業提供服務，形成學術上百家爭鳴的時代。工商與服務業人口膨脹，使城市數目增加，規模擴大，城市的功能從行政中心向工商業中心及文化中心發展。香港浸會大學薛鳳旋教授在他的近著《中國城市及其文明的演變》中說：「估計當時的這類城市人口約在 35%，比中國日後各朝代明顯高出很多❶。」

　　這段時期，周室式微，諸侯兼併。薛鳳旋在他的大著中計算，西周初年諸侯國有 1,773 個，東周初年只剩 170 個，戰國初年只剩下 14 個❷。封建崩潰，社會解構，階級重組，戰爭頻仍，人民流離遷移，倫理的社會條件改變，禮樂失去教化制約的功能，以致道德淪喪，社會秩序敗壞。諸子百家紛紛提出治國平天下的見解與個人自處之道。

二、儒家的倫理思想

　　孟子說：「世衰道微，邪說暴行有作，臣弒其君者有之，子弒其父者有之，孔子懼，作《春秋》。」又說：「孔子成《春秋》而亂臣賊子懼。」（《孟子・滕文公》）孔子依據魯史作

---

❶　薛鳳旋，《中國城市及其文明的演變》，香港，三聯書店，2009年，頁 112。

❷　同❶，頁 111。

《春秋》，根據倫理的正道，褒貶歷史的是非，為後世樹立典範。用空泛的理論加以說明，不如用歷史的事實作見證更明白而令人感動。所以孔子說：「我欲載之於空言，不如見之於行事之深切著明也。」實務家雖然認為儒家的學問太廣博，禮儀太複雜，不切實際，但不能不承認孔子主張的倫理很重要。孔子三十五歲時適齊，齊景公問政，孔子曰：「君君，臣臣，父父，子子。」景公曰：「善哉！信如君不君，臣不臣，父不父，子不子，雖有粟，吾豈得而食諸！」（《史記·孔子世家》）

司馬遷的父親司馬談評論先秦各家學說時，對儒家的評論是：「儒家博而寡要，勞而少功，是以其事難盡從；然其序君臣上下之分，不可改矣。」又說：「若夫列君臣父子之禮，序夫婦長幼之別，雖百家弗能易也。」（《史記·太史公自序》）不過理想世界的規範對戰亂變動社會的人生，終有若干難以盡從之處。畢竟社會是為了增進人生的幸福而產生，人不是為了社會的理想而存在，現實人生若干違反禮法無奈的選擇，可能需要用諒解的心情去看待。

諾貝爾經濟學獎得主顧志耐（Simon Kuznets）將世界經濟發展分為傳統（經濟）停滯時期與現代（經濟）成長時期兩個階段。現代（經濟）成長是指技術不斷進步、使勞動生產力和人均產值長期持續增加的現象。這種現象在18世紀中葉英國工業革命後出現，繼而發生於美國與歐

陸，第二次世界大戰後漸普及於東亞和其他地區。現代成長以前的時代都是所謂傳統停滯時期。

傳統停滯時期並非沒有技術進步與經濟成長，不過這一時期的技術進步缺少持續性，只是偶然出現。偶然出現的技術進步，使生產力提高，總產值與人均產值增加。根據馬爾薩斯人口論，人均產值增加，生活改善，使人口增加，人均產值因而下降，直到下降到生存水準。所謂生存水準就是只能維持最低生活，使人口不增加也不減少的水準。我們只要看現代成長出現之前，世界人口不斷膨脹，但一般生活水準並無很大進步，就會知道過去並非沒有技術進步，只是沒有以現代科學為基礎的持續技術進步，因而其所引起的一次性產量增加，為隨之而來的人口增加所抵消，所以我們只看到人口增加而少看到生活改善。

對於個人而言，勤勞、節儉雖然有助於增加所得，累積財富，但對總體經濟而言，如果技術水準不變，不論增加勞動或增加資本，由於邊際報酬遞減的作用，都不能使經濟成長。所以技術進步是經濟成長的最終來源，有持續不斷的技術進步，才有持續不斷的經濟成長。如果單憑追求財富就會使經濟成長、財富增加，則世界上不可能有貧窮國家，現代經濟成長也不需要等待工業革命以後。

回顧春秋戰國時代以來中國兩千多年的長期經濟停滯時期，基本上仍是一個以農業生產為主的社會，社會文化

雖然崇尚勤勞、節儉，但是並不鼓勵人民追求財富，倒是鼓勵追求教育，進入政府，以知識效忠王室，服務子民。社會既然少有進步，安定成為幸福的主要來源，人民最大的期待常是「五穀豐登，國泰民安。」在這樣的社會背景下，儒家的倫理思想成為中華文化的核心，不僅獲得民間普遍認同，也得到歷代政治勢力支持。

儒家思想重視生活中有特定關係者之間的倫理，即父子、兄弟、夫妻、朋友與君臣五倫。五倫之間名義既定，各按其分，則社會秩序井然，天下大定。所以齊景公問政，孔子說：「君君、臣臣、父父、子子。」後來子路問孔子：「衛君待子而為政，子將奚先？」孔子說：「必也，正名乎！」又說：「名不正則言不順，言不順則事不成，事不成則禮樂不興，禮樂不興則刑罰不中，刑罰不中則民無所措手足。」（《論語・子路》）儒家在五倫中又特別重視孝和弟；孝和弟是對父、兄長輩的尊敬，又可推廣及於對君主的忠心。有子曰：「其為人也孝弟而好犯上者，鮮矣！不好犯上而好作亂者，未之有也。君子務本，本立而道生。孝弟也者，其為仁之本與？」（《論語・學而》）所以孝特別受到歷代君主的重視，而且以身作則。

不過對君主的忠和對父母的孝有根本的不同，對父母的孝基於親情是無條件的，對君主的忠則有條件，也有選擇。孔子說：「事君盡禮，人以為諂也。」魯定公問孔子：

「君使臣，臣事君，如之何?」孔子對曰：「君使臣以禮，臣事君以忠。」(《論語‧八佾》)孟子則清楚的告訴齊宣王：「君之視臣如手足，則臣視君如腹心；君之視臣如犬馬，則臣視君如國人；君之視臣如土芥，則臣視君如寇讎。」(《孟子‧離婁》)

　　至於儒家對待五倫以外無特定關係的「路人」和一般大眾，則回到做人的基本態度，就是誠、信、恕和仁。孔子曰：「弟子入則孝，出則弟，謹而信，汎愛眾而親仁，行有餘力，則以學文。」(《論語‧學而》)又子貢問孔子：「有一言可以終身行之者乎?」子曰：「其恕乎：己所不欲，勿施於人。」(《論語‧衛靈公》)誠、信是不欺騙，言行一致，恕是推己及人，都屬於我前面所說的公平；仁是前面所說的仁慈。這些德目的特點是不求回報，沒有條件，其實都是普世價值，並非中國儒家所獨有，嚴格說和五倫是有性質上或範疇上的 (categorical) 不同的。

三、從傳統到現代

　　進入現代成長時代，持續的經濟成長改變了社會的結構，也改變了人生的選擇。

　　持續的經濟成長使人口向都市集中，形成都市化。人口現象從死亡率下降，人口成長快速，到出生率下降，人口成長減緩，甚至人口減少。傳統三代同堂的大家庭為只

有夫妻子女甚至無子女的小家庭所取代。教育機會平等和生育減少使婦女走出家庭，進入職場，追求自己的理想；而經濟獨立，婦女自由平等的空間擴大，自主性提高，自我意志伸張，壽命延長，健康狀況改善與青春常駐，使白首偕老的婚姻日愈不易維持。離婚率增加、再婚，甚至多次婚姻，漸為社會接受而習以為常。晚婚、性觀念開放與節育技術便利使性愛與婚姻分離，甚至與愛情分離。傳統家庭的功能被分割，有人選擇不要婚姻，有人選擇不要子女，也有人選擇要子女不要婚姻。社會的約束鬆弛，個人種種任性、自利的行為都容易找到適當的言辭予以合理化。

　　個人追求財富的努力可以促進經濟成長，不僅自己得到利益，也使別人得到利益，因而受到社會的鼓勵。財富不是出於剝削或掠奪，而是來自為社會創造了增加的價值，財富是成就和成功的象徵，因而有錢受人尊敬。司馬遷說：「淵深而魚生之，山深而獸往之，人富而仁義附焉。富者得勢而益彰，失勢則客無所之。」又說：「凡編戶之民，富相什則卑下之，伯則畏憚之，千則役，萬則僕，物之理也。」（《史記‧貨殖列傳》）人有錢就有名聲，金錢可以換取權勢，有錢的人往往與權貴結交，這是我們今天常看到的現象。有錢的人高人一等；看到有錢的人自己矮半截。司馬遷當年因李陵案繫獄被刑，家貧沒有錢自贖，也無有權勢的人為他講話，上面所引的兩段話有感慨的意味，也有諷

刺的意味，但在某種程度上未嘗不是事實。財富帶來的很多利益鼓勵人追求財富，但過分熱中財富的追逐，就容易逾越倫理道德的界限，造成對社會的傷害，也傷害自己。

傳統停滯時代，人民生活困苦，希望渺茫，看不到改善的機會，只有安於貧窮，寄望於來生，或另外一個世界。工業革命使生產力提高，導致大量生產與消費，使人從物質滿足中得享塵世的快樂。然後進入資訊時代 (information age)，生產力進一步提升，經濟富裕，讓人追求更多生活的自主。

《第三波》(*The Third Wave*) 的作者陶佛勒夫妻 (Alvin & Heidi Toffler) 將經濟發展分為三波：農業社會是第一波，工業社會是第二波，資訊社會是第三波。第二波的特色是大量生產、大量消費、大眾社會、大眾傳播、標準化、中央決策、多數統治與核心家庭等。第三波的特色則是分殊化、分權化、少數受尊重與多樣家庭：包括單親、再婚、不婚、無子女家庭等。

經濟成長使人生態度從消極默從轉變為積極進取，從集體主義轉變為個人主義，從曲己從人，達成群體的任務，轉變為伸張自我，追逐個人目的，以致在缺乏內在的倫理約束與外在的規範節制下，不免對社會安定產生不利的影響。

從傳統停滯時代進入現代成長時代，個人離開相互照

應的親族鄉黨，進入陌生的世界，而全球化和資訊化使這個世界更廣闊、更陌生、也更少人情。親情隨著距離和時間日漸淡薄，對陌生人則少情感上的牽連，特別是對一般大眾。個人追求自利的活動如造成對陌生人的傷害，比較不會有太多情感上的負擔，如果受到傷害的是不確知的群眾，可能更少在意，有人甚至內心竊喜，以為得計。至於傷害到的是自然環境，則更不放在心上。這種情形不僅造成生產活動的外部成本，使社會的淨產值減少，並且使社會信任 (social trust) 降低，增加交易成本，妨礙經濟發展。

1980 年代初，曾任經濟部長、財政部長，當時擔任行政院政務委員的李國鼎先生，基於長期推動臺灣經濟發展的經驗，體察到這種現象，提出第六倫也就是群我倫理的主張。相對於傳統的五倫，第六倫是指個人與無特定關係者及社會大眾之間的適當關係。第六倫是說對不認識的人和不確知的一般社會大眾也要關心和維護他們的利益。第六倫的基本要求是誠信、是公平，但更高的標準是仁慈。從傳統停滯時代進入現代成長時代，五倫鬆弛，第六倫尚待建立，所以社會表現為倫理不彰，道德敗壞，讓大家憂心。李國鼎先生晚年對推動第六倫有一點心灰意冷，他有一次很感慨的說：「現在五倫都沒有了，還說什麼第六倫呢!」我當時無辭以對，後來多讀了一點書才知道，這正是經濟成長必然經歷的一段過程，中外都一樣。

關於這種現象，亞當・史密斯早在他的《道德情操論》(*The Theory of Moral Sentiments*, 1759) 中就說，（傳統）農牧社會，法規制度尚不足以周全保障人民的安全，同一家族的人通常集居於一處，彼此依靠，以建立共同的對外防衛。同一族群的成員不管多麼疏遠，也主張和其他成員有某種關係，希望得到與眾不同的待遇。進入（現代）商業社會，法規制度甚至可以保障最卑微之人的利益，家族不再有聚集而居的動機，自然隨著利之所在或興之所至而散居各方。用不了多久，他們彼此不再依賴，若干年之後，他們不僅彼此失去關懷，也不復記憶原屬同一來源，以及他們祖先之間的關係。史密斯說：文明愈發達，家族的關係愈疏遠，親情在英格蘭即較在蘇格蘭疏遠。

可惜在臺灣，親情疏遠了，但新秩序遲遲建立不起來，以致經濟成長隨之遲滯。資深媒體人張作錦先生最近說：「臺灣已失去道德座標，人的行為不受真理規範，而各以己見為是。」又說：「貪利者可以忍恥，人一旦沒有羞惡之心，無事不可為，你還能拿他怎樣❸?」

四、儒家思想與現代倫理

個人追求財富，在現代科學出現可以容許技術不斷進步的條件下，導致了以人均產值持續增加為特色的現代經

❸　《聯合報》，1999 年 12 月 2 日。

濟成長。如今現代成長已從 18 世紀的西歐擴展到世界各地，發揮了致富去貧的效果，不過也出現嚴重的弊端：小至時而發生的企業醜聞和社會失秩，大如自然資源耗竭和自然環境惡化。但追求財富並非罪惡，史密斯甚至視為「審慎的美德」；追求財富、不顧倫理以致傷害到別人才是罪惡。貪婪成性、失去節制的資本主義文化如今正等待我國傳統儒家思想的拯救。

儒家思想對人類文化可以有以下重要貢獻：

㈠追求財富應遵守公平的原則，在公平的基礎上追求財富，個人的利益才會和社會的利益一致，否則個人的利益中可能一部分是別人的損失；個人的利益才能反映對社會的貢獻，因為其所創造的增加價值愈大，對社會的貢獻也愈多。孔子並不反對人求富求貴，但是他說：「富與貴是人之所欲也，不以其道得之不處也；貧與賤是人之所惡也，不以其道得之不去也。」（《論語・里仁》）這裡的道是指正當的手段，轉換為亞當・史密斯的用語就是公平。

㈡不要眼裡只看到錢，人生尚有其他重要價值，如倫理價值和精神價值。孔子的得意弟子中，有「家累千金」、「與諸侯分庭抗禮」的子貢，也有「一簞食，一瓢飲，在陋巷，人不堪其憂，回也不改其樂」的顏回，和「不厭糟糠，匿於陋巷」的原憲。孟子引曾子曰：「晉楚之富，不可及也，彼以其富，我以吾仁，彼以其爵，我以吾義。吾何

慚乎哉!」孟子接著說:「天下有達尊三: 爵一, 齒一, 德一。朝廷莫如爵, 鄉黨莫如齒, 輔世長民莫如德, 惡得有其一而慢其二哉?」(《孟子‧公孫丑》)

㈢要將倫理價值放在經濟價值前面, 這樣才不會為了賺錢做違背良心的事, 也不會因為賺不到錢心裡不痛快。同樣道理對社會價值也一樣。孔子說:「君子喻於義, 小人喻於利。」(《論語‧里仁》)孟子說:「有天爵者, 有人爵者。仁義忠信, 樂善不倦, 此天爵也, 公卿大夫, 此人爵也。古之人修其天爵而人爵從之。今之人修其天爵以要人爵, 既得人爵而棄其天爵, 則惑之甚者也。終亦必亡而已矣!」(《孟子‧告子》)人因為品德好而得到官位, 不可為得到官位假裝品德好, 得到官位後, 打回原形, 露出猙獰的面目。

㈣孔子說:「君子義以為質, 禮以出之, 孫以行之, 信以成之。君子哉!」(《論語‧衛靈公》)做人應正正當當, 不過正正當當也要以合乎禮節的方式表達出來, 以謙虛的態度見諸實行, 而且說到做到, 終底於成。有這樣的君子, 不論出來做官或做生意, 亦即追求社會價值或經濟價值, 都不會作奸犯科, 只會對國家有貢獻; 就算只是選擇留在鄉里之間, 也會為社會樹立良好榜樣。

總之, 儒家思想重視倫理價值和精神價值, 在儒家的價值系統中, 倫理價值和精神價值優先於經濟價值和社會價值, 所以失去經濟價值和社會價值時, 仍然可以感受到

幸福。儒家強調做人的品德，追求經濟價值（賺錢）或社會價值（做官）不可違背倫理價值。這正是當前資本主義文化所缺少而儒家思想可予補足的。

不過這一切不是口裡說就會自己實現，而是需要一個五育並重的教育系統，教出一些明德知恥、有所為有所不為的彬彬君子。還需要有一個獎善懲惡的制度和文化，讓好人得到鼓勵，壞人得到報應。東漢大儒鄭玄說：「五霸之末，上無天子，下無方伯，善者誰賞，惡者誰罰，紀綱絕矣！」（《詩譜序》）

好的文化環境需要塑造典範，所以孔子稱頌堯舜和文武周公，孟子和司馬遷都極稱孔子。司馬遷說：「《詩》有之：高山仰止，景行行止。雖不能至，然心嚮往之。余讀孔氏書，想見其為人。適魯，觀仲尼廟堂車服禮器，諸生以時習禮其家，余祇迴留之，不能去云。」（《史記‧孔子世家》）

亞里斯多德主張從歷史上崇拜敬仰的聖賢豪傑身上學習他們的榜樣；謝大寧先生說：「《三國演義》讓大家不敢當曹操。」孔子重視政治領袖的品德，他說：「為政以德，譬如北辰，居其所而眾星拱之。」（《論語‧為政》）季康子問政於孔子：「如殺無道，以就有道，何如？」孔子回答說：「子為政，焉用殺？子欲善則民善矣！君子之德風，小人之德草，草上之風，必偃。」（《論語‧顏淵》）

社會信任與社會資本
——從傳統到現代

2010 年 8 月 2–3 日，臺北，第十五屆中國現代化學術研討會第四組「儒家思想研究與現代社會誠信理念重建」論文。

一、經濟成長的社會後果

現代經濟成長是人均所得持續增加的現象，而人均所得持續增加則是技術進步使勞動生產力不斷提高的結果。經濟成長導致人口移動，引起社會結構變化，人際關係改變，社會的倫理需要亦隨之改變。

人口移動引起社會結構與人際關係改變，並非立刻可以發展出與之配合的倫理覺省，而且新倫理所需要的制度條件，亦需要時間才能漸趨完備。世界銀行 2002 年《世界發展報告》引用下面一首詩，也許可以幫助我們理解社會條件尚未發展成熟時，可能發生的一些問題：

「如果我認識你你也認識我，

那麼我們的意見就會很少分歧，

然而我們尚未握過手，

所以不免常有誤會。

只要我們都有心做對的事，

又誠心誠意對待，

那麼就很少事可抱怨。

如果我認識你你也認識我，

那麼當我們貨物誤送，

或給你的帳單發生差錯，

你就會免於氣惱。

如果我認識你你也認識我，

那麼當支票未及時送來，

而顧客連招呼也未打，

我們也不會擔心只會等待。

如果我認識你你也認識我❶。」

然而經濟發展在進入已開發的境界 (developed status) 之前，先帶我們進入陌生而缺少信任 (trust) 的社會環境。

臺灣光復之初是一個以農業為主的經濟體，1952 年 56% 的勞動力在農業部門工作。經歷 1950 年代和 1960 年代發展勞力密集工業，1970 年代發展資本密集工業，經濟迅速成長，1980 年代進入技術密集的科技產業年代。1980 年農業勞動力下降到 19.5%，而工業部門和服務部門的勞動力超過 80%，然而不少人的生活習慣仍停留在傳統農業時代。因為技術改變容易，制度改變難，心態改變更難。

1981 年 3 月曾經擔任經濟部長、財政部長、當時擔任行政院政務委員負責國家應用科技發展的李國鼎先生應邀在「中國社會學社」年會演講。他講到我國向稱禮儀之邦，自古以來重視倫理，但往往只重視和認識的人之間的倫理，對不認識的人則較少倫理的考慮，甚至侵犯到他們的權益也不以為意，至於對不認識、甚至不知為誰的群體更是如

---

❶ The World Bank, *World Development Report 2002: Building Institutions for Markets*, p. 5.

此；因此不容易建立一個誠信可靠的環境，以利經濟發展的順利進行。

李國鼎先生引用交通部長林金生先生說過的一個故事。外國人問一位計程車司機說：「你們中國人一向講禮讓，進門不肯先走，吃飯不肯坐上位，大家讓來讓去，為什麼你開車一點都不讓？」計程車司機說：「我又不認識他們，為什麼要讓？」

李國鼎先生還引用一則報紙上的故事。爸爸罵兒子：「你真不知羞恥！為什麼偷人家鉛筆？爸爸從公司拿回來那麼多還不夠你用嗎？」

李國鼎先生在演說中提出第六倫的主張，不久又在報紙發表專文，對他的第六倫提出完整的論述，引起熱烈反應❷。

第六倫當然是相對於傳統的五倫而言，包括父子、兄弟、夫妻、朋友和君臣，是個人與熟識的特定對象之間的關係。第六倫是個人與不認識、甚至不知是誰的個人與群體之間的關係。

李國鼎先生說：「經濟發展使個人從熟人的世界走入陌生人的世界，從特殊的關係轉向一般的關係。」他引用蔣中正總統說，群體生活需要「約束自我，尊重他人，服從公

❷　《聯合報》，1981 年 3 月 28 日，〈經濟發展與倫理建設──國家現代化過程中群己關係的建立〉。

意，愛護全體。」他並提出下列具體建議：

(1)對公共財物應節儉廉潔，以消除浪費與貪污。

(2)對公共環境應維護，以消除污染。

(3)對公共秩序應遵守，以消除髒亂。

(4)對不確定第三者的權益應維護與尊重。

(5)對素昧平生的陌生人也應給予公平的機會，不加以歧視。

二、傳統倫理與第六倫的爭議

李國鼎先生提出第六倫的主張雖然得到社會廣泛的支持，但也有不少精研儒家思想的學者不以為然。就在李國鼎的〈經濟發展與倫理建設〉1981 年 3 月 28 日於《聯合報》刊出的第二天，中華孔孟學會故理事長陳立夫先生就傳給他一張紙條，指他對儒家的倫理思想缺少了解。

其實李國鼎先生並未說儒家思想不重視和陌生人之間的倫理，他所說的是現實生活中的實際情形。關於我國傳統倫理與第六倫的爭議，也許可以分倫理的普遍性、差別性和制度條件三個層次討論較為清楚。

㈠**普遍性倫理**。儒家的核心價值是仁和恕。「樊遲問仁。子曰：『愛人。』」仁是寬廣的愛心，存關懷別人的心，做有利別人的事。人人皆有關愛之心，所以孔子說：「仁遠乎哉？我欲仁斯仁至矣！」（《論語‧述而》）然而仁沒有止境，不

只心中存仁，而且要行仁，就是加以實踐。所以孔子不輕易許人。「子張問仁於孔子，孔子曰：『能行五者於天下者為仁矣!』請問之。曰：『恭、寬、信、敏、惠。恭則不侮，寬則得眾，信則人任焉，敏則有功，惠則足用以使人。』」（《論語・陽貨》）仁需要添加許多德行才能完成，這是何等困難。

恕是將心比心，推己及人。「子貢問曰：『有一言而可以終身行之者乎?』子曰：『其恕乎?己所不欲，勿施於人。』」（《論語・衛靈公》）恕和仁比起來是較低的要求，但也一樣不容易做到。「子貢曰：『我不欲人之加諸我也；吾亦欲無加諸人。子曰：賜也，非爾所及也。』」（《論語・公冶長》）

仁與恕都是普世價值，並不是只有我們中國才這樣主張。我們如果把儒家的仁和恕與英哲亞當・史密斯 (Adam Smith) 的公平 (justice) 和仁慈 (beneficence) 相比較，則仁接近史密斯的仁慈，恕接近史密斯的公平；公平是不減少別人的利益，仁慈是增加別人的利益。廣義的仁可以包括恕在內。因為一個常常關心別人利益、想要增加別人利益的人，怎麼會把自己不喜歡的事加到別人身上呢?

在這裡，最重要的是仁和恕都是一般性 (general) 倫理項目，對所有人都適用，並不分識與不識或親疏遠近。在一般性倫理項目外，又有個別性 (specific) 項目，例如父慈子孝、兄友弟恭、君使臣以禮、臣事君以忠等。

㈡**差別性倫理**。雖然仁是普遍的愛心，但愛心隨對象不同，的確是有差別的。史密斯認為人的天性除了自己以外，最關心的是家庭。我們對家人的關切勝於對大多數外人。在家庭中，對子女又比對父母更多同情和感應，對子女無微不至的照顧也勝於對父母的尊敬和感恩。這一點恐怕是深受儒家思想影響的我國傳統觀念很難接受的。史密斯的解釋是兒童的生存全賴父母照顧，但父母的生存並非天生依賴子女。（所以老天爺在 DNA 中如此安排。）在大自然眼中兒童似乎比老人更重要，也往往激發更強烈、更普遍的關懷。史密斯這一觀察和孟子「孺子將入於井」的心境是一致的❸。問題是因人而異的差別倫理應不應該有一下限，而這個下限應該在哪裡呢？

《論語》中最常被引用的例子是下面這則故事：「葉公問孔子曰：『吾黨有直躬者，其父攘羊，而子證之。』孔子曰：『吾黨之直者異於是。父為子隱，子為父隱，直在其中矣。』」（《論語‧子路》）正直是一種美德，但舉發父親的罪行有違孝道，不能算正直。反而是父親為兒子隱瞞，兒子為父親隱瞞，直在其中。

不過父親「攘羊」應只是輕微的犯行，如果父親犯下的是殺人大罪呢？《孟子》有下面一段故事值得討論：「桃應問曰：『舜為天子，皋陶為士，瞽瞍殺人，則如之何？』

❸ 孫震，《人生在世》，臺北，聯經出版公司，2003 年，頁 28。

孟子曰:『執之而已矣!』『然則舜不禁與?』曰:『夫舜惡得而禁之? 夫有所受之也』。『然則舜如之何?』曰:『舜視棄天下猶棄敝蹝也。竊負而逃,遵海濱而處,終身訢然,樂而忘天下。』」(《孟子‧盡心》)凡讀過《孟子》的人都知道,瞽瞍並非善類,而且常算計舜,算不上慈父。壞蛋父親殺了人,皇帝兒子拋棄皇位,背負他逃到海濱,大概不可能有天倫之樂可享,只是盡做兒子的孝心。孟子的選擇似乎狡辯的成分比嚴肅做倫理抉擇的成分多。

　　原則上舜可以有以下三種選擇: (1)利用職權,幫助瞽瞍脫罪; (2)拋棄王位,背負瞽瞍而逃; (3)尊重司法公正,不做積極營救。由於「法務部長」是皋陶,第一個選擇大概做不到,而且也不會這樣做。舜拿王位的榮華富貴和孝親比,因而選擇第二項,如果他將心比心,考慮到人命關天、司法公正,就應選擇第三項才對。

　　儒家主張愛有差等。孟子闢楊距墨,他說:「楊氏為我,是無君也;墨氏兼愛,是無父也。無父無君,是禽獸也。」(《孟子‧滕文公》)楊朱為我,拔一毛而利天下不為,沒有社會觀念;墨翟兼愛,把路人當成家人一樣看待,沒有家庭觀念。這兩種主張前者不符合人性之利他關懷,後者不符合優先愛護自己的親人,所以孟子罵他們是禽獸。其實我們常聽說的「有關係就沒有關係,沒有關係就有關係」的嘲諷,並不是只對中華文化下的臺灣和大陸才適用,倫

理有差別在所有國家都一樣，不過有程度上的不同，而且制度越健全，差別越小。

㈢**倫理的制度條件**。在現實生活中，發展中國家的個人和企業，進入現代制度尚待建構、缺少信任的惡質社會環境，面對激烈的生存競爭，讓倫理受到很大的考驗，特別是當受到傷害者是陌生人或不確定的群體之時。因為(1)如果受到傷害的是不認識甚至不確知是誰的陌生者，比直接面對熟識的人較少羞愧感；(2)如果受到傷害的是不確定的群體，則損害分散，每個人受到的損失小，比較不會引起計較，甚至根本未察覺；(3)如果受到傷害的是自然環境，則其負面的影響費時而迂迴，不一定降臨到自己身上；而且所謂「大自然的反撲」由大家承受，「天塌下來有高個子頂著」，自有人出來尋求化解之道。《孟子》中有個很有啟發性的故事，「孟子曰：『牛山之木嘗美矣！以其郊於大國也，斧斤伐之，可以為美乎?』」（《孟子‧告子》）那些天天早晨起來到牛山砍木頭、揀便宜的人，有多少自覺在做壞事呢？

所以人的行為不能光靠倫理引導，也需要有制度加以規範與節制。儒家雖然非常重視信，唯如無正當的道理堅決守信，孔子和孟子都不鼓勵。

子貢問士，在孔子講出第一等與第二等之士後，再問其次。曰：「言必信，行必果，硜硜然小人哉，抑亦可以為

次矣。」(《論語・子路》) 當子貢問到「管仲非仁者與?」孔
子說:「管仲相桓公,霸諸侯,一匡天下……民至於今受其
賜。微管仲,吾其被髮左衽矣! 豈若匹夫匹婦之為諒也,
自經於溝瀆,而莫之知也。」(《論語・憲問》) 孟子則說:
「大人者,言不必信,信不必果,唯義所在。」(《孟子・離
婁》)

三、社會資本

　　李國鼎先生注意到的從五倫到第六倫的問題,亞當・
史密斯在兩百多年前已經發現,而且提出了他的理論。也
許這是所有國家從傳統停滯 (stagnant) 經濟走向現代成長
(growing) 經濟都必須經過的社會過程 (social process)。

　　史密斯在他的《道德情操論》中說❹,在法規和制度
尚未發展到足以周全保護人民的安全和利益的農牧社會,
同一家族的不同分支通常傾向於集居於一起,以建立對外
的共同防禦。他們彼此互相依靠,和諧增強他們之間的合
作,分歧使他們的關係削弱甚至受到傷害。他們之間的交
往多於和其他族群之間的交往; 同一族群中不管多麼疏遠

---

❹　Adam Smith, *The Theory of Moral Sentiments*, 1759, Part VI,
　　Section II, Chapter 1; 孫震,《人生在世》,臺北,聯經出版
　　公司,2003 年,章 23; 孫震,《理當如此——企業永續經營
　　之道》,臺北,天下遠見出版公司,2004 年,章 9。

的成員也主張和其他成員有一定的關係，希望得到與眾不同的對待。

但在法規制度已發展到相當程度足以保障即使最卑微之人的現代「商業國家」(commercial countries)，同一家族的後裔不再有聚集而居的動機，自然隨了利之所在或興之所至散居各地。用不了多久，他們不僅彼此失去關懷，也不記得原屬同一來源，以及他們祖先之間的關係。文明愈發達家族的關係愈疏遠。史密斯說，親情在英格蘭即較蘇格蘭疏遠，雖然蘇格蘭的文明程度日愈追上英格蘭的水準。

史密斯甚至認為，父子兄弟之間的親情只是慣性的感應，由於居住在同一個屋頂之下共同生活而產生。如子女遠離、兄弟分散，情感隨之淡薄。他認為與人方便使自己方便的利益，增進了我們和工作上的同事以及生意上的夥伴如兄似弟的情誼。鄰居們同住在一個社區也一樣。好鄰居有很多方便，惡鄰居有想不到的麻煩，自以和氣相處為宜。

人生活在社會中，受社會環境的影響，在不同的社會環境下有不同的自處之道，產生不同的社會效果。社會環境不僅直接進入我們生活，影響我們的福祉，和諧愉快的人際關係讓我們感到幸福，社會環境也進入經濟運作的機制，影響經濟效率和經濟成長。這個社會環境可稱為「社會資本」(social capital)。

具體的說，社會資本包含以下六個項目：人的行為、人際關係、引導行為和人際關係的價值、約束行為和人際關係的規範、使價值與規範發揮作用的實施機制，以及這些機制所依附的各種社會組織。

這六個項目可分成四個層次。

㈠**最上層是行為和人際關係**。這兩個項目直接、間接影響我們的經濟活動和人生福祉。誠信的行為、和諧的關係使經濟活動的交易成本降低、效率提高，也使人生活愉悅。我們說話有人相信是因為誠實，我們借錢有人願借給我們是因為守信。誠信原是完美人格的重要元素，但也有其實用的功能。然而由於絕大多數的人誠實守信，少數人的欺騙才能得逞。孔子說：「始吾於人也，聽其言而信其行；今吾於人也，聽其言而觀其行。」（《論語・公冶長》）一個爾虞我詐、缺少誠信的社會，我們要付出多少額外的成本！所以社會要有健全的制度，獎善懲惡，不讓好人吃虧、壞人占便宜。

㈡**第二層是價值和規範**。價值引導人的行為，使其追求人生和社會的共同目標。正如亞當・史密斯所說，人性有利己的成分，也有利他的成分。利己讓我們追求物質欲望的滿足，因而產生經濟價值，包括所得與財富；利己也讓我們追求社會欲望的滿足，因而產生社會價值，包括地位和名聲。社會於是利用「名韁利索」駕馭眾生，達成社

會的目的；而社會的目的就是社會全體最大多數人最大的
幸福。利他源自同情與關懷，讓我們追求他人的幸福，從
他人的幸福中感到幸福，從他人的悲傷中感到悲傷，產生
倫理價值，表現為完滿的人格，正是人生最高貴的價值。

規範有各種不同的形式，包括社會的禮節和習俗，機
關團體對員工的要求和規定，以及國家的命令和法律等。
觸犯法律固然會受到國家的制裁，不當的言行讓「路人側
目」同樣是一種社會制裁。

㈢**第三層是支配價值和規範使其發揮功能的機制。**

㈣**第四層是組織。**包括家庭、學校、公司和其他形式
的營利機構、宗教、政府、法院、各種非政府、非營利團
體等。

用現在流行的話說，第三層是軟體，第四層是硬體。
軟體依附在硬體上，硬體藉軟體發揮其社會功能。以公司
組織而言，公司治理就是其達成經營目的、並維護社會公
平的軟體。以學校而言，教育就是其達成人文化育、促進
知識進步的軟體。第三層和第四層就是通常所說的制度，
廣義的制度包括第二層在內。世界銀行 2002 年的《世界發
展報告》，開宗明義就引諾貝爾經濟學獎得主制度派大師諾
爾茲 (Douglass North) 的話說：「我們如何解釋富裕中持續
的貧窮？如果我們知道富有的來源，窮國為什麼不逕採其
致富之政策？我們必須創造誘因，引導人民投資於效率更

高的技術，增加他們的技藝，並組成有效率的市場。這些
誘因都存在於制度之中❺。」

四、臺灣社會信任調查

　　理論上我們期待在經濟發展的過程中，人口離開熟識
的故鄉和家族，進入陌生的都市，隨著對現實生活的日愈
適應，與法規制度的日臻健全，社會雖趨向多元，但社會
信任增加，為持續的經濟成長提供良好的社會環境。中華
民國群我倫理促進會於 2001 年首次舉辦臺灣「社會信任調
查」，從 2002 年起每兩年辦理一次，累計已有五次❻，調
查的結果大致符合以上的期待。

　　以下從其《2008 年社會信任調查報告》中❼，選出兩
項最重要的調查結果略加討論。第一項是歷次調查社會對
個別對象信任程度的比較。以 1 到 5 表示：5 是「很信任」，
4 是「還算信任」，3 是「不知道」，2 是「有點不信任」，1
是「很不信任」。

---

❺　同❸，頁 3。

❻　李國鼎為了推動第六倫，於 1991 年成立中華民國群我倫理
　　促進會，並擔任第一任理事長；第二任和第三任理事長為孫
　　震；第四任和第五任理事長為王昭明；現任也就是第六任理
　　事長是許士軍。

❼　2009 年 3 月發表。

表7 臺灣歷次社會信任調查結果之比較

	2008 年	2006 年	2004 年	2002 年	2001 年
家　人	4.78 (1)	4.79 (1)	4.79 (1)	4.73 (1)	4.77 (1)
醫　生	4.10 (2)	4.09 (2)	3.98 (2)	3.77 (3)	3.78 (2)
學校老師	3.95 (3)	4.08 (3)	3.95 (3)	3.78 (2)	3.76 (3)
鄰　居	3.90 (4)	–	3.88 (4)	3.70 (4)	3.62 (4)
社會上大部分的人	3.39 (5)	3.44 (4)	3.18 (7)	2.84 (9)	2.80 (9)
企業負責人	3.06 (6)	3.22 (5)	3.00 (9)	2.94 (7)	2.52 (11)
檢察官	3.05 (7)	3.22 (6)	–	–	–
總　統	3.01 (8)	2.73 (10)	3.25 (5)	3.01 (5)	3.51 (5)
律　師	2.99 (9)	2.95 (8)	–	–	2.84 (8)
警　察	2.97 (10)	2.93 (9)	3.08 (8)	2.96 (6)	2.93 (7)
法　官	2.88 (11)	3.06 (7)	3.23 (6)	2.85 (8)	3.05 (6)
政府官員	2.49 (12)	2.45 (11)	2.64 (10)	2.28 (11)	2.63 (10)
新聞記者	2.36 (13)	2.32 (12)	2.59 (11)	2.59 (10)	–
立法委員	2.24 (14)	2.12 (13)	2.25 (12)	2.21 (12)	2.29 (12)

說　明：　1.括弧內數字是受信任程度之排名順序。
　　　　　2.「–」表示該年未調查此一項目。

表 7 透露臺灣社會信任現象中很多重要的訊息：

㈠「家人」在五次調查中都排序第一，而且分數很高，五次的得分也很接近，幾乎沒有差別。這顯示家人永遠是最被信任的對象。說到家人我們立即想到的是最接近我們的親人，包括配偶、子女和父母。對家人最信任並不表示就屬於傳統社會，反而越是在人際關係疏離的現代社會越會覺得只有家人才最值得信任。如果問題的項目是「家族」

或「親屬」，結果可能會很不一樣。

㈡「醫生」和「學校老師」在五次調查中有四次分居二、三名，有一次 (2002) 排序顛倒。二者的得分也很接近，幾乎沒有差別，只有 2008 年有比較顯著的差距。這顯示臺灣醫師的專業和老師的愛心與盡職確是深受社會信任，也受社會尊敬。不過說到學校老師是指中小學老師，2001 年和 2002 年的調查中列有「大學教授」，排名只在前三分之一的最後。

㈢「鄰居」四次調查都排第四❽，分數逐次增加，證明亞當・史密斯所說的鄰居重要，應努力與之改善關係，尋求相處之道。

㈣最重要的一個項目是「社會上大部分的人」。問這個問題是想知道臺灣的整體社會信任是否進步，答案令人振奮。社會對「社會上大部分的人」也就是第六倫所指「陌生人」信任的程度，八年間從第九名前進到第五名。關於這個問題下文還要進一步討論。

㈤受信任的程度進步最多的是「企業負責人」，從 2001 年的第十一名 (2.52) 晉升到 2006 年的第五名 (3.22) 和 2008 年的第六名 (3.06)。2008 年排名落後，得分也減少，可能與近年所發生的一些企業弊案與晚近的金融海嘯有關。企業負責人排名上升的趨勢，表示近年臺灣企業領袖

❽　2006 年的調查未列鄰居項目。

的表現贏得社會更多的信任，也顯示在現代工商社會中企業界維持社會倫理與秩序的重要性日愈增加。

　　㈥最遺憾的是「律師」、「警察」、「法官」和「政府官員」排名在後。不過警察、法官和政府官員既然在政府體系之內，應是有為的政治領袖可大力加以改變的事項。最悲哀的是「立法委員」永遠排名倒數第一，得分也沒有一次超過 2.30。不知他們當中一些居心邪惡、言行囂張以致累及同儕的政客，看到這一個調查報告有沒有一點羞愧之心。

　　第二項是歷次調查社會對第六倫所指「陌生人」信任度的變化。調查的結果請看表 8。

表 8　歷次調查對「社會上大部分的人」信任之比較

2008 年		2006 年		2004 年		2002 年		2001 年	
信　任	不信任	信　任	不信任	信　任	不信任	信　任	不信任	信　任	不信任
60.5%	27.9%	60.3%	27.0%	50.6%	34.7%	38.1%	44.8%	34.1%	47.3%

　　關於這個項目訪問時的用語是：一般來說，信不信任「社會上大部分的人」。答信任（包括很信任和還算信任）的人數從 2001 年的 34.1% 大幅增加到 2008 年的 60.5%；答不信任（包括很不信任和有點不信任）的人數從 2001 年的 47.3%，大幅降低到 2008 年的 27.9%。

　　2008 年的調查報告也表列了不同教育程度的受訪者

對「社會上大部分的人」信任和不信任的差異。表 9 顯示，教育程度愈高的受訪者對陌生人信任的人數愈多，教育程度愈低的受訪者對陌生人信任的人數愈少。歷次調查的結果很一致，而且不論教育程度高低，對「社會上大部分的人」信任的百分比都顯著增加。這真是一個可喜的現象，反映了一個可貴的社會。

表 9　歷次調查不同教育程度的受訪者對「社會上大部分的人」信任與不信任人數的變化

	2008 年		2006 年		2004 年		2002 年		2001 年	
	信任	不信任	信任	不信任	信任	不信任	信任	不信任	信任	不信任
國小及以下	39.5%	28.1%	38.1%	25.4%	41.8%	21.3%	25.8%	35.4%	26.1%	30.9%
國中程度	57.9%	30.1%	50.1%	30.1%	38.9%	43.7%	41.0%	44.9%	36.3%	50.6%
高中、高職	63.0%	29.2%	59.8%	32.1%	54.1%	39.6%	39.2%	49.7%	32.6%	59.8%
專科	71.3%	26.0%	72.9%	25.0%	56.7%	38.0%	39.1%	53.4%	41.1%	54.5%
大學及以上	72.4%	25.9%	74.2%	21.9%	62.1%	33.8%	52.9%	41.1%	49.1%	45.6%

　　一個人與人之間有信任的社會是一個幸福的社會，也是一個經濟上有效率的社會。社會信任不能光靠個人發揮推己及人的愛心，去信任不認識的人，還需要建立健全的制度，累積社會資本，以改善有利於信任的社會環境。我們甚至可以說，在險惡的社會環境中，盲目鼓勵人去信任

不知是否可信的人是不負責任的態度。這讓我想起一段故事：「孔子過蒲，會公叔氏以蒲畔，蒲人止孔子，謂『苟毋適衛，吾出子。』與之盟，出孔子東門。孔子遂適衛。子貢曰：『盟可負邪？』孔子曰：『要盟也，神不聽。』」(《史記·孔子世家》) 21 世紀以來短短十年臺灣的社會信任進步很大，反映社會制度日臻健全，社會資本日漸豐厚，不過尚有很多可以進步的空間，表 7 也明白透露了若干可以改進的方向。

推薦閱讀

臺灣經濟自由化的歷程

孫震／著

　　臺灣經濟自由化有三個不同的階段：第一階段是民國40年代後期的外匯與貿易改革，使臺灣經濟從進口替代轉向出口擴張，開拓了發展的局面；第二階段是民國60年代和70年代初期，臺灣經歷兩次世界能源危機，經濟急遽變化，貿易、匯率、利率逐步自由化，政府並於民國73年宣布自由化、國際化與制度化的政策；第三階段是70年代後期，經濟自由化的全面實施。

　　本書深入探討臺灣經濟自由化的理論基礎與現實背景，並檢討實施過程中的一些缺失。

臺灣發展知識經濟之路

孫震／著

　　二十世紀末期，世界經濟發展有兩大主流，一為從資訊技術發展晚近形成的知識經濟，一為從經濟自由化發展近年形成的全球化。這兩大主流交互作用，促成世界經濟的快速成長。

　　臺灣有幸在1970年代作了正確的選擇，在產業政策方面選擇了以電子業為主的科技產業，在一般經濟政策方面選擇了自由化和國際化，使臺灣經濟在1990年代表現優異，因而創備了一定的條件，向知識經濟的道路前進。

　　本書由二十三篇論文組成，主要為作者在擔任工業技術研究院董事長期間的作品，旨在討論過去二十多年，臺灣在日趨自由化的環境中，發展科技產業的經驗，以及相關之教育發展與社會變動。本書探討的課題，正是一國發展知識經濟基本的因素。

時還讀我書

孫震／著

本書包含了十八篇文章，分為〈人生〉、〈還鄉〉和〈師友〉三部，每部都用一聯詩句表達其中文章的中心思想。第一部〈人生〉有七篇文章；所選詩句為朱熹：「少年易老學難成，一寸光陰不可輕。」學無止境，但有耕耘就有收穫，何必計較事功和成就？第二部〈還鄉〉也有七篇文章，其中六篇寫作者家鄉平度和傅斯年先生家鄉聊城。聊城和平度在春秋戰國時期是齊國名城，作者少小離家，垂老還鄉，司空曙詩：「他鄉生白髮，舊國見青山。」頗能道出他的心境。第三部〈師友〉的四篇文章，紀念作者的四位師友。真是：「相見亦無事，不來常念君！」